신경언어장애
용어집

이미숙 · 백려정 공저

Glossary of
Neurogenic
Speech-Language
Disorders

학지사

·

머리말

오늘날의 사회는 지적인 융합과 사고의 유연성을 추구한다. 빅데이터와 인공지능이 보편화되고 디지털 노마드가 현실화된 사회 속에서 지식과 정보는 더 이상 '축적'이 아닌 '선택'과 '조합'의 개념으로 변화하고 있다.

이 같은 맥락에서 '용어'는 단순히 특정 전문 분야의 지식을 모듈화하는 기능을 넘어 다양한 학문을 연계하고 융합적 프레임을 형성하는 데 기여한다. 즉, 용어는 개개의 학문적 속성을 이해하는 출발점이자 다학제적 소통을 촉진하는 변곡점으로 작용한다.

이 용어집의 집필 동기는 다음과 같다. 첫째, 지적 개념의 변화라는 사회적 및 학문적 추세를 반영하여 언어병리학 내 세부 학문의 전문 용어를 명확히 정리하고자 하였다. 둘째, 고령화 시대의 흐름 속에서 신경언어장애와 관련된 용어의 활용도를 높이고자 하였다. 셋째, 용어의 혼용으로 인해 임상 현장에서 겪는 전문가로서의 고충을 최소화하고자 하였다. 넷째, 유관 학문의 접근성을 높여 이론적 및 임상적 교류와 이해에 기여하고자 하였다.

이 용어집은 크게 네 영역으로 구분된다. 제1부에서는 신경언어장애와 신경말장애 기제의 기초가 되는 신경학적 해부 및 생리와 관련된 용어를 다룬다. 제2부와 제3부에서는 신경학적 질환으로 인한 의사소통장애 영역인 신경언어장애와 신경말장애의 용어를 소개한다. 마지막으로 제4부에서는 삼킴장애의 용어를 다루는데, 나머지 영역과의 이질성을 고려하여 삼킴에 관한 해부 및 생리와 전반적인 삼킴장애의 용어를 포괄한다.

　용어를 선별하고 해설하는 과정에서 언어병리학 및 유관 학문의 다양한 저서와 논문이 훌륭한 지침이 되었다. 다만 역량의 부족과 지면의 한계로 인해 광범위한 용어를 보다 심도 깊게 담아내지 못한 점에 대해서는 미리 독자들께 양해를 구한다. 이 책이 출간되기까지 수고해 주신 학지사 관계자분들께 깊은 감사의 말씀을 전한다.

2020년 10월

저자 일동

이 용어집은 언어병리학과 신경언어장애, 유관 학문 분야에서 주로 활용되는 용어를 다루고 있다. 이를 위해 관련 저서와 국내외 논문, 웹사이트 등에서 주요 용어를 발췌한 후 정의 및 특성, 구조, 유형, 예시 등을 비교적 간략하고 명확히 제시하였다.

용어의 선정 기준은 다음과 같다.

❶ 표제 용어는 한자어와 고유어 중 하나로 통일하지 않고 친숙도 및 활용 빈도를 기준으로 선정하였다.

❷ 표제 용어 이외의 한글 및 영문 용어는 친숙도 및 활용 빈도가 높은 순으로 제시하였다.

❸ 해부 및 생리, 의학 관련 용어는 '대한의사협회 의학용어위원회'에서 제정한 용어에 근거하되, 언어병리학 및 신경언어장애 분야의 활용 빈도를 고려하였다.

❹ 영문 인명은 그대로 제시하였고 국외 검사도구나 친숙한 외래어는 한글로 표기하였다.

❺ 삼킴의 해부 및 생리 관련 용어는 제4부에 제시하였다.

❻ '영문용어 찾아보기'는 용어의 영문 표기를 중심으로 제시하였다.

차례

제1부
신경해부생리

ㄱ

가로측두이랑 횡측두회 transverse temporal gyrus

측두엽 상측두이랑에 위치한 가로 방향의 이랑. 실비안종렬 안쪽 바닥
에 해당하며 헤쉴이랑이 포함됨.

각이랑 각회, 모이랑 angular gyrus

두정엽 하두정소엽에 위치한 이랑(BA39). 모서리위이랑의 뒤쪽과 연
결됨.

간뇌 diencephalon

대뇌와 소뇌 사이의 작은 영역. 시상 · 시상상부 · 시상하부 · 시상밑부
로 구성됨.

갈고리다발 갈고리섬유다발, 구상속 uncinate fasciculus

전전두엽과 측두극을 연결하는 장연합섬유 중 하나.

갈고리이랑 uncus

측두엽 기저면에 위치한 갈고리 모양의 이랑. 해마곁이랑과 연결되는
변연계 구조.

감각뉴런 sensory neuron

감각기관에서 일어난 자극을 중추신경계로 전달하는 뉴런.

감각신경 sensory nerve

미각 · 후각 · 촉각 · 시각 · 청각 등 5개 감각 신호로 활성화된 감각 수
용기의 정보를 중추신경계로 보내는 신경. 뇌신경에는 후각 · 시각 ·
청각 · 평형을 담당하는 3쌍의 감각신경이 존재함.

감각신경로 오름신경로, 구심성 신경로 sensory pathway

피부 · 근육 · 신체 기관 등의 감각 신호를 중추신경계로 전달하는 통
로. 감각섬유로 구성됨.

개방연수 open medulla

등 쪽에 제4뇌실이 위치한 연수의 상부. 설하신경핵 · 미주핵 등 말 ·
삼킴 관련 뇌신경핵이 다수 위치함.

경동맥 목동맥 carotid artery

대동맥궁에서 출발해 머리와 뇌에 혈액을 공급하는 동맥.

경동맥계 carotid system

대동맥궁에서 시작하는 2쌍의 동맥계 중 하나. 뇌에 혈액을 공급하는
주요 공급원으로 쇄골하동맥 · 총경동맥 · 내경동맥 · 외경동맥 · 전대
뇌동맥 · 중대뇌동맥으로 연결됨.

경막 경질막 dura mater

두개골 안쪽 3겹의 뇌막 중 가장 바깥쪽에 위치한 막. 뇌 · 척수를 보
호하고 정맥동으로 혈액을 통과시킴.

경막외 출혈 epidural hemorrhage

외상성 뇌손상으로 경막외 공간에 출혈이 발생해 뇌를 압박하는 상태.
출혈에 따라 혼수상태, 반신마비 등을 동반함.

경막외 혈종 epidural hematoma(EDH)

외상성 뇌손상에 의해 경막과 두개골 사이의 경막외강에 혈괴가 형성
된 상태. 뇌를 압박해 의식 저하, 반신마비 등을 동반함.

경막하 출혈 subdural hemorrhage

외상성 뇌손상, 동맥류 파열 등으로 경막과 지주막하 사이에 출혈이
발생한 상태. 흔히 만성 혈종으로 발전함.

경막하 혈종 subdural hematoma(SDH)

외상성 뇌손상에 의해 경막하강에 혈괴가 형성된 상태. 급성 시 의식
장애, 만성 시 변동성 의식장애 및 의욕·주의력 저하 등을 동반함.

경상돌기 붓돌기 styloid process

측두골·척골 등에 존재하는 가늘고 긴 돌기. 측두골 돌기는 외이도
아래와 유양돌기 안쪽으로 크게 돌출됨.

고립핵 nucleus solitarius

개방연수 내 설하신경핵 및 배측 미주신경핵의 바깥쪽에 위치한 뇌신
경핵. 안면신경·설인신경·미주신경의 감각 신경섬유를 받음. 미각
과 일반 장기감각 등에 관여함.

고유감각 proprioception

자기 자신에 대한 감각. 자기 신체의 각 부분에 대한 위치 정보, 근육
의 수축과 이완 시 형성되는 감각 정보에 해당함.

곧은이랑 rectal gyrus

대뇌 기저면에서 대뇌종렬 양옆에 위치한 이랑.

관상면 전두면 coronal plane

뇌를 포함한 신체의 해부학적 단면 중 앞과 뒤로 나눈 단면. 위치와 상관없이 이마와 평행함.

교감신경계 sympathetic nervous system

자율신경계의 한 축으로 의지와 상관없이 자극에 반응해 신체 기능을 조절함. 혈관 수축, 혈압 상승, 동공 확장, 심장박동 촉진, 소름 등이 해당함.

교련섬유 commissural fibers

대뇌 양 반구의 피질과 뇌간을 연결하는 백질 섬유다발. 뇌량 · 전교련 · 후교련 등이 해당함.

교핵 pontine nucleus

뇌교의 뇌교소뇌로에 위치한 핵군 중 하나. 신경섬유들 사이에 산재된 회백질로 구성됨. 대뇌피질의 신경신호를 대측 소뇌로 전달해 뇌교-소뇌 간 기능적 연결에 관여함.

기저핵 basal ganglia

대뇌반구에서 뇌간에 걸친 회백질성 신경핵군으로 피질하에 위치함. 꼬리핵 · 조가비핵 · 창백핵 등으로 구성되어 운동 통제에 관여함.

기저핵 회로 basal ganglia circuit

기저핵이 중뇌의 흑질 · 시상밑부핵과 기능적으로 연결되어 이루는 회로. 피질-기저핵-시상-피질 회로 등이 있으며 운동 기능에 관여함.

길항작용 antagonism

특정 현상에 대해 상반된 두 요인이 동시에 관여할 때 그 효과를 상쇄시키는 작용. 자율신경계 · 신경전달물질 · 근육계 · 약물의 길항작용, 교감 · 부교감 신경의 항상성 유지 등이 해당함.

꼬리쪽 미방, 하방 caudal

인체해부학에서 아래쪽 방향에 해당함. 특정 기준점보다 상대적으로
아래의 위치를 나타냄.

꼬리쪽 연수 하부 연수 caudal medulla

양 반구 신경세포의 80~90%가 추체 교차되는 연수의 하부 영역.

꼬리핵 미상핵 caudate nucleus

기저핵의 주요 구조 중 하나. 머리 · 몸체 · 꼬리로 구성되며 조가비핵
과 함께 줄무늬핵을 이룸.

ㄴ

내경동맥 internal carotid artery(ICA)

    총경동맥에서 갈라진 동맥 중 하나로 뇌 · 안와 · 전두부에 분포함. 뇌에 혈액을 전달함.

내포 속섬유막 internal capsule

    대뇌반구 심부의 백질부로 전각 · 무릎 · 후각으로 구성됨. 대뇌피질에서 뇌로 향하는 투사섬유가 기저핵과 시상 사이를 통과하면서 모인 막구조.

노인성반 노인성판, 신경반 senile/neuritic plaques

    변성 신경돌기 · 아밀로이드 등이 결합된 복잡한 변성 물질. 알츠하이머병, 노인성 치매, 고령자의 대뇌피질 등에 축적됨.

뇌간 뇌줄기 brainstem, brain stem

    대뇌와 척수를 연결하는 줄기 모양의 뇌 구조로 중뇌 · 뇌교 · 연수로 구성됨. 머리 · 목 운동과 감각, 심혈관 · 호흡 조절 중추 등이 위치함.

뇌고랑 고랑, 열구, 구 sulcus(sulci)

대뇌반구 표면에서 안으로 들어간 좁은 틈새. 이랑과 이랑 사이의 주름진 골로 이랑을 상호 구분함.

뇌교 교뇌, 다리뇌 pons

중뇌와 연수 사이에 위치한 뇌간 구조로 제4뇌실 앞쪽의 융기된 부분. 여러 자율신경 반사의 통합과 호흡 등에 관여함.

뇌교소뇌로 pontocerebellar tract

뇌교 기저부에 위치해 뇌교와 척수를 연결하는 경로. 근육 협응에 관여하고 손상 시 마비말장애·삼킴장애 등을 유발함.

뇌교연수이행부 pontomedullary junction

뇌교와 연수 상부가 맞닿는 경계 부위. 뇌혈관 체계 중 좌우 추골동맥이 뇌저동맥으로 통합되는 지점.

뇌교핵 다리뇌핵 pontine nuclei

뇌교 상부에 위치한 핵군. 대뇌·척수로부터 정보를 받아 소뇌로 연결함.

뇌궁 fornix

긴 활 모양의 유수신경섬유 집합체. 변연계에 속하며 유두체와 해마를 연결함.

뇌량 corpus callosum

양 반구를 연결하는 교련섬유의 유형으로 부리·무릎·몸체·팽대로 구분됨. 좌·우뇌의 말근육 운동 간 상호작용을 통해 말속도·조음·운율 등을 조절함.

뇌막 뇌수막 cerebral meninges

뇌를 둘러싼 막으로 경막 · 지주막 · 연질막으로 구성됨. 기저 두개골 골절에 의한 손상 시 코나 귀로 뇌척수액이 유출됨.

뇌섬 섬, 대뇌섬, 뇌섬엽 insula, insular cortex, island of Reil

전두엽 · 두정엽 · 측두엽 덮개부의 안쪽에 위치한 대뇌피질 구조.

뇌신경 cranial nerve(CN)

뇌와 연결된 12쌍의 말초신경으로 감각신경 3쌍, 운동신경 5쌍, 복합신경 4쌍으로 분류됨. 대부분 뇌간에 1개 이상의 세포핵이 분포함. 뇌와 신체 영역 간 정보의 연결 통로이며 말 · 언어 · 삼킴에 관여함.

뇌신경핵 cranial nerve nucleus

1개 이상의 뇌신경과 연관된 뇌간 내 뉴런의 집합체로 회백질을 이룸. 주로 외측에 감각핵군, 내측에 운동핵군이 분포함.

뇌실 cerebral ventricle

뇌 안에 연결된 4개의 빈 공간. 뇌척수액의 생산 · 순환에 관여하고 뇌를 보호함.

뇌이랑 이랑, 뇌회, 회 gyrus(gyri)

대뇌반구 표면에서 둑처럼 솟은 부분.

뇌저동맥 뇌바닥동맥 basilar artery

추골-뇌저동맥계의 일부로 좌우 척수동맥이 결합되는 뇌 바닥에 위치함. 전하소뇌동맥 · 상소뇌동맥 · 후대뇌동맥으로 분리됨. 뇌간 · 소뇌 등에 혈액을 공급함.

뇌척수액 cerebrospinal fluid(CSF)

뇌와 척수에 존재하는 무색투명한 액체로 항상 일정한 양을 유지함. 생성 · 순환 · 분해 작용을 하고 뇌 완충작용, 호르몬 · 노폐물 운반 등에 관여함.

뇌하수체 hypophysis

간뇌 시상하부 아래에 위치한 내분비기관. 시상하부의 통제로 생명 유지에 중요한 호르몬을 분비하고 다른 내분비기관의 호르몬 분비를 조절함.

뇌혈관계 cerebrovascular system

포도당 · 산소를 함유한 혈액을 뇌로 공급해 에너지를 생산하고 노폐물을 수용하는 계통의 조직. 경동맥계와 추골-뇌저동맥계로 분류됨.

뇌혈류 cerebral blood flow(CBF)

뇌혈관 내 혈액의 흐름. 포도당 · 산소가 함유된 혈액 공급을 통해 뇌 기능이 유지됨. 동맥 관류압이 뇌혈류를 좌우하며 손상 시 허혈성 뇌혈관질환 등을 유발함.

뉴런 신경원 neuron

자극과 흥분을 전달하는 신경계 단위. 신경세포체와 돌기로 구성되며 감각 · 운동 · 연합 뉴런으로 분류됨.

ㄷ

단연합섬유 short association fiber

이랑과 이랑을 연결하는 연합섬유 유형.

대뇌 cerebrum

뇌의 대부분을 차지하는 중추신경계의 핵심 구조. 전뇌에 해당하며 종뇌 · 간뇌로 분류됨. 운동 · 감각 · 언어 · 인지 기능을 수행함.

대뇌각 cerebral peduncle

대뇌 중추부와 말초부를 연결하는 덩어리로 중뇌 구조 중 하나. 대뇌피질에서 나오는 하행신경로로 구성됨.

대뇌반구 cerebral hemisphere(s)

종뇌에서 발달해 대뇌를 이루는 좌우 1쌍의 구조. 두개강 내면에 접해 있고 뇌 무게의 80%를 차지함. 뇌량에 의해 양 반구가 연결되어 상호작용 · 통합 기능을 수행함.

대뇌종렬 위세로틈새, 반구간틈새 cerebral longitudinal fissure

　양 반구 사이 앞뒤로 뻗은 깊은 홈. 대뇌를 좌반구와 우반구로 분리함.

대뇌피질 대뇌겉질 cerebral cortex

　회백질로 이루어진 대뇌 표면. 뇌이랑 · 뇌고랑 · 엽 · 변연계 등으로

　구성됨.

대동맥 aorta

　심장의 좌심실에서 출발해 하복부에서 갈라진 후 신체에 혈액을 공급

　하는 가장 큰 동맥.

대동맥궁 aortic arch

　상 · 하행 대동맥 사이의 활 모양 구조. 경동맥계와 추골–뇌저동맥계

　의 출발점.

대측성 기능장애 contralateral dysfunction

　손상을 입은 쪽의 반대편 영역에 나타나는 기능장애.

덮개척수로 tectospinal tract

　중뇌 상 · 하구에서 척수까지 연결되는 추체외로. 시 · 청각 자극에 대

　해 반사적으로 머리 · 목의 자세를 조절함.

도파민 dopamine

　중뇌의 흑질 · 피개 · 시상하부 등에 관여하는 신경전달물질. 흑질 손

　상 시 공급이 중단되어 파킨슨병을 유발함.

동안신경 oculomotor nerve

　3번 뇌신경으로 운동신경에 해당함. 안구 · 눈꺼풀 · 동공 운동 등을

　담당함.

동측성 기능장애 ipsilateral dysfunction

　손상을 입은 쪽과 같은 영역에 나타나는 기능장애.

되돌이후두신경 recurrent laryngeal nerve

미주신경의 3개 가지 중 하나로 기도 · 후두근에 분포하는 신경. 후두 아래로 내려갔다 되돌아오는 경로를 취함. 상후두가지와 함께 발성 기능을 담당함.

두개골 머리뼈 cranium, skull, cranial bone

머리 골격을 이루는 뼈로 골격계에 해당함.

두개내압 intracranial pressure

두개골 내강을 채우는 뇌척수액의 압력. 상승 시 뇌를 압박해 두통 · 현기증 · 의식소실 등을 유발함.

두정엽 마루엽 parietal lobe

중심고랑 바로 뒤부터 두정후두고랑에 이르는 뇌엽. 모서리위이랑 · 각이랑 등이 포함됨. 체감각 · 시청각 정보를 통합해 공간 · 위치 인식, 운동 계획에 관여하는 통합중추.

두정후두고랑 parieto-occipital sulcus

두정엽과 후두엽을 분리하는 고랑. 앞쪽에 두정엽, 뒤쪽에 후두엽이 위치함.

등쪽 배측, 후방 dorsal

인체해부학에서 뒤쪽 방향을 의미함. 주로 피질하 · 뇌간 · 척수 등에서 특정 영역의 방향을 나타낼 때 사용함.

띠고랑 대상구 cingulate sulcus

대뇌반구 안쪽에서 띠이랑 위쪽의 경계를 이루는 고랑. 전두엽과 변연계 간의 경계에 해당함.

띠다발 대상다발, 대상속 cingulum

띠이랑을 연결하는 장연합섬유 중 하나.

띠이랑 대상회 cingulate gyrus

뇌량 주변을 둘러싼 피질 부위. 변연계의 일부로 뒤쪽에서 해마곁이랑
과 연결됨.

랑비에마디 랑비에결절 node of Ranvier

미엘린수초들 사이에 수초가 없는 짧고 잘록한 결절. 신경섬유 가지의 출발점에 해당함. 신경신호의 전달 속도를 높이는 데 관여함.

렌즈핵 lenticular nucleus

안쪽의 창백핵과 바깥쪽의 조가비핵이 이루는 렌즈 모양의 기저핵 구조. 무의식적으로 행하는 여러 운동에 크게 관여함.

루이소체 Lewy body

파킨슨병, 루이소체 치매 등의 신경세포 내에서 발달하는 비정상적 단백질 집합체. 전형적 뇌간 루이소체와 피질 루이소체로 분류됨.

말초신경계 peripheral nervous system(PNS)

중추신경계를 제외한 신경계로 체성신경계와 자율신경계로 구성됨. 뇌 · 척수를 제외한 모든 신경 조직이 포함됨.

망상척수로 망상체척수로 reticulospinal tract

연수나 뇌교에서 시작해 척수까지 연결되는 추체외로. 근육긴장도, 호흡, 걷기 · 자세 조절 등에 관여함.

망상체 그물체 reticular formation

연수 하위에서 중뇌 상위 경계부에 걸쳐 수많은 핵으로 구성된 뇌간핵의 혼합물. 수상돌기 · 축삭을 갖는 신경세포들이 상호 연결되어 망을 이룸. 수면 · 각성 · 주의 · 근긴장 · 운동 · 반사에 핵심적으로 관여함.

망상활성계 망상체활성화계, 망상활동계 reticular activating system(RAS)

각성을 담당하는 신경계의 기능적 체계. 시상에서 대뇌로 감각 정보를 전달하는 경로. 각성의 통합 및 조절, 정서적 각성 등에 관여함.

맥락얼기 맥락총 choroid plexus

외측 · 제3 · 제4 뇌실의 뇌실막 세포층에 분포하는 혈관얼기. 뇌척수
액을 분비함.

모노아민 monoamine

암모니아의 구성요소인 수소를 탄화수소기로 치환한 아민 중 질소 원
자가 1개인 화합물. 신경전달물질이나 호르몬으로 작용함. 도파민 · 노
르에피네프린 · 에피네프린 등의 카테콜아민과 세로토닌으로 분류됨.

모서리위이랑 supramarginal gyrus

실비안종렬 말단부 바로 위에 위치한 하두소정엽 내 구조(BA40). 손상
시 인지장애, 따라말하기 능력 저하 등을 유발함.

미세교세포 microglia

뇌손상 부위의 미생물인 바이러스 · 곰팡이 등을 제거하는 신경교세포의
유형.

미엘린수초 미엘린 myelin, myelin sheath

축삭 표면을 감싸는 여려 겹의 막. 신경세포를 통해 전달되는 전기신
호가 누출되거나 흩어지지 않도록 보호하고 전도 속도를 높이는 데 관
여함.

미주신경 vagus nerve

10번 뇌신경으로 복합신경에 해당함. 인두 · 후두의 감각과 운동, 식
도 · 복부 · 경동맥의 감각, 흉곽 · 복부의 운동 등을 통해 호흡 · 발
성 · 공명 · 삼킴에 관여함.

방사관 corona radiata

대뇌피질 백질 부위에 분포한 부채 모양의 섬유 덩어리. 투사섬유로 구성되어 감각 · 운동 신경로로 분류됨.

방추형이랑 방추형회 fusiform gyrus

대뇌반구 기저면 중 측두이랑과 해마곁이랑 사이의 이랑. 측두엽과 후두엽 사이의 영역.

배쪽 복측, 전방 ventral

인체해부학에서 앞쪽 방향에 해당함. 주로 피질하, 뇌간, 척수 등에서 특정 영역의 방향을 나타낼 때 사용함.

백질 white matter

회백질 사이를 연결하는 신경섬유로 간뇌 · 연수의 대부분을 차지하는 영역. 빛을 굴절하는 미엘린수초로 인해 백색을 띔. 정보 전달 통로로서 지각 · 운동 · 연합 경로가 해당함.

베개핵 pulvinar nucleus

시상 뒤쪽 끝부분에 위치한 신경핵 집합체. 4개 신경핵으로 나뉘며 시상베개에 속함. 시각 계통에 관여함.

베르니케영역 Wernicke's area

측두엽 상측두이랑 후방에 위치한 영역(BA22)으로 감각성 언어중추에 해당함. 언어 이해에 핵심 역할을 담당함.

변연계 limbic system

대뇌와 간뇌의 경계에 위치한 뇌 구조로 해부학적 실체가 아닌 기능적 체계. 해마형성체, 편도체, 중격핵, 유두체, 띠이랑 등이 해당함. 감정 조절, 의식적·지적 기능과 무의식적·자율적 신경 기능 간 연결, 기억의 저장 및 검색 등에 관여함.

보조운동영역 보충운동영역 supplementary motor area(SMA)

일차운동피질 바로 앞의 중앙 표면에 위치함(BA6). 발화 및 복잡한 행동의 개시, 운동의 순서화 등에 관여함. 손상 시 말실행증 등을 유발함.

부교감신경계 parasympathetic nervous system

자율신경계의 한 축으로 의지와 상관없이 자극에 반응해 신체 기능을 조절함. 교감신경계의 반응에 대별되는 체계. 삼장박동·혈압 저하, 동공 축소 등에 관여함.

부리쪽 입쪽, 두부쪽, 두개쪽 rostral

인체해부학적으로 뇌에서는 앞쪽, 척수에서는 위쪽을 의미함.

부신경 accessory nerve

11번 뇌신경으로 운동신경에 해당함. 어깨의 일반운동, 호흡 등에 관여함.

브로드만영역 Brodmann area(BA)

세포의 구조와 배열 등 세포구축학적 관점에 따라 분류한 47개의 주요 뇌 영역. Brodmann(1909)이 숫자로 체계화한 도식으로 오늘날에도 유용하게 활용됨.

브로카영역 Broca's area

전두엽 하전두이랑에 위치한 영역(BA44/45). 삼각부와 전두덮개부가 해당함. 운동성 언어중추로 언어 표현에 관여함.

삼차시상로 trigeminothalamic tract

삼차신경의 척수핵 · 으뜸핵에서 출발한 신경섬유가 반대쪽을 거쳐 시
상핵까지 연결되는 감각신경로 중 하나. 주로 안면의 통증 · 온도 · 접
촉 감각을 전달함.

삼차신경 trigeminal nerve

5번 뇌신경으로 복합신경에 해당함. 상악가지는 위치감각 · 촉각 · 압
각 등 안면 감각, 하악가지는 턱근육 운동, 눈측가지는 얼굴 상부 · 머
리 · 홍채 감각 등을 담당함. 조음 · 공명 · 삼킴 등에 관여함.

상두정소엽 superior parietal lobule

두정엽 위쪽 약 1/2에 해당하는 영역으로 중심뒤이랑 뒤쪽에 위치함.
하두정소엽과 수평을 이룸.

상부운동신경세포 상위운동신경원, 일차운동신경세포 upper motor neuron(UMN)
척수 전각의 하부운동신경세포에 영향을 주는 뇌간·대뇌피질의 운동
신경세포. 내림운동신경로이자 일차운동신경세포에 해당함. 피질척
수로·피질뇌간로가 속하며 주로 연수에서 교차함.

상소뇌동맥 superior cerebellar artery(SCA)
뇌저동맥에서 분지해 주로 소뇌 상부에 분포하는 동맥. 소뇌 위쪽, 중
뇌 뒤쪽, 뇌교 앞쪽에 혈액을 공급함.

상올리브복합체 superior olivary complex(SOC)
두 귀의 와우핵에서 청각 자극을 수용해 양이간섭이 처음으로 발생하
는 영역. 와우핵의 3개 가지 중 2개가 직접 유입됨.

상올리브핵 superior olivary nucleus
달팽이관에서 청각피질에 이르는 청각 경로 내의 핵. 와우핵으로부터
청각 자극을 수용함.

상전두이랑 상전두회 superior frontal gyrus
중심앞이랑 앞쪽에 수평으로 나란히 위치한 세 이랑 중 가장 위쪽의
이랑.

상종단다발 상종속 superior longitudinal fasciculus
뇌 상부에서 전두엽·두정엽·후두엽 간을 연결하는 장연합섬유의 유
형. 브로카영역·베르니케영역·각이랑·모서리이랑 등을 연결함.

상측두이랑 상측두회 superior temporal gyrus
뒤쪽으로 두정엽 각이랑, 아래쪽으로 중측두이랑에 연결되는 측두엽
영역. 헤쉘이랑·베르니케영역이 위치함.

새발톱고랑 calcarine fissure
후두엽 내측 틈새로 일차시각피질이 위치함.

색전 embolus

혈관 내에 유리물이 흘러들어와 일부나 전부를 폐색한 상태 또는 그 유리물. 색전이 모세혈관을 막아 색전증을 유발하면 뇌졸중의 원인이 됨.

설인신경 glossopharyngeal nerve

9번 뇌신경으로 복합신경에 해당함. 혀 · 구개궁 · 인두 감각, 혀 미각, 인두 운동 등을 담당함. 조음 · 공명 · 삼킴 · 호흡 등에 관여함.

설하신경 혀밑신경 hypoglossal nerve

12번 뇌신경으로 운동신경에 해당함. 혀 운동, 조음, 삼킴 등에 관여함.

세로토닌 serotonin

뇌에서 생성된 모노아민 신경전달물질. 수면 · 각성 · 감정 · 기분 · 체온 등 변연계 기능에 관여함.

세포막 cell membrane

신경세포를 둘러싼 막. 물질의 선택적 투과 및 운반, 외부 신호 감지, 세포 내외부의 전하 차이 유지 등에 관여함.

세포체 cell body, soma

수상돌기 · 축삭과 함께 뉴런의 주요 구성요소 중 하나. 중심에 핵과 핵주위부가 위치함. 인접한 신경세포의 정보를 수용하고 통합하는 핵심 중추에 해당함.

소뇌 cerebellum

중추신경계의 일부로 대뇌 기능을 보완하는 구조. 뇌간과 함께 천막하 구조에 해당함. 수의적 운동의 조절 및 평형에 관여함.

소뇌반구 cerebellar hemisphere(s)

소뇌벌레 좌우측에 위치한 1쌍의 구조.

소뇌천막 tentorium cerebelli

대뇌와 소뇌 사이로 천막처럼 접혀 들어간 경막의 일부 구조. 소뇌 위쪽에 걸쳐 있고 후두엽과 소뇌를 분리함.

소뇌피질 cerebellar cortex

소뇌 표면을 둘러싼 회백질층. 분자층 · 신경세포층 · 과립층으로 분류됨.

쇄골하동맥 subclavian artery

경동맥계 내 좌측의 대동맥궁과 우측의 완두동맥에서 분지된 가지. 좌우 옆으로 뻗은 활 모양의 혈관.

수막 뇌척수막 meninges

뇌 · 척수를 둘러싼 중추신경계의 결합 조직성 막. 바깥쪽에 두개골이나 척주가 위치함. 경막 · 지주막 · 연막으로 분리됨. 뇌 · 척수를 보호하고 동정맥의 통로 역할을 함.

수상돌기 가지돌기 dendrite

축삭에 비해 길이가 짧고 가지가 많은 돌기. 다른 신경세포와 형성한 많은 시냅스를 통해 신호를 받고 세포체로 전달함.

수평면 horizontal plane

뇌를 포함한 신체의 해부학적 단면 중 상하로 나눈 단면.

슈반세포 Schwann cell

미엘린수초를 생성해 신경을 재생시키는 신경교세포 유형.

시각연합영역 visual association area

후두엽의 외측 피질에 해당하는 영역(BA18/19). 일차시각피질에서 수용한 자극을 시각기억에 따라 분석하고 처리함.

시냅스 신경연접 synapse

뉴런의 축삭 말단과 다음 뉴런의 수상돌기 사이에 해당하는 연접 부위. 종말단추, 연접틈새, 연접후 수용기로 구성됨. 중추신경계 회백질이나 말초신경계 신경절에 존재하며 결합 후 신경 회로망을 형성함. 신경전달물질의 원활한 공급에 관여함.

시냅스 틈새 연접 틈새 synaptic cleft

두 뉴런이 연접하는 자리 중 연접 이전 부위(자극 전달)와 연접 이후 부위(자극 수용) 사이의 틈새.

시상 thalamus

간뇌 후방에 위치한 회백질 덩어리. 제3뇌실 좌우측에 1쌍이 있고 시상상부·시상밑부·시상하부와 함께 간뇌를 이룸. 감각·운동 정보를 대뇌피질로 전달하는 데 크게 관여하므로 핵군이 다수 분포함.

시상면 sagittal plane

뇌를 포함한 신체의 해부학적 단면 중 좌우로 나눈 단면. 관상면과 직각을 이루며 정중앙은 정중 시상면에 해당함.

시상밑부 subthalamus

시상·시상하부·중뇌 사이에 위치한 달걀 모양의 덩어리로 간뇌를 이루는 구조 중 하나. 시상밑부핵을 통해 기저핵과 기능적으로 연결됨.

시상밑부핵 시상하핵, 피질하핵 subthalamic nucleus

시상에 속하나 기능적으로 기저핵과 연결된 렌즈 모양의 핵. 흑질과 함께 기저핵 회로의 간접경로를 이룸. 주로 흥분성 신경전달물질인 글루타메이트를 분비하는 뉴런으로 구성됨.

시상베개 시상침 pulvinar

시상의 외측 후방에 위치한 시상핵군을 이루는 구조. 감각 정보를 대뇌피질 연합 영역으로 전달함.

시상상부 epithalamus

시상 위쪽에 위치하며 간뇌를 이루는 구조 중 하나. 후각 중추인 고삐핵, 생식·수면 기능의 송과체 등이 해당함.

시상피질로 thalamocortical tract

시상에서 대뇌피질의 감각 영역으로 연결되는 경로. 투사섬유의 감각 신경로 중 하나.

시상하부 hypothalamus

시상 아래쪽 및 중뇌 위쪽에 위치하고 제3뇌실 외측벽을 이루는 간뇌 구조 중 하나. 변연계의 일부이기도 하며 기저에 뇌하수체가 위치함. 항상성 유지, 감정 표출, 체온 조절, 공복·갈증 등 행동 조절 중추로 작용함.

시상핵 thalamic nuclei

전측·내측·복측·후측·외측 시상핵군 등에 속하는 다양한 핵. 감각 및 운동 정보를 대뇌피질로 중계하는 데 관여함.

시신경 시각신경 optic nerve

2번 뇌신경으로 감각신경에 해당함. 시각을 담당함.

시신경 교차 optic chiasm

좌우 시신경이 시상하부 정중앙에서 교차하는 현상.

신경계 nervous system

자극에 대한 반응·전달·통합·판단을 통해 명령을 전달하는 체제. 중추신경계와 말초신경계로 분류됨.

신경교세포 신경아교세포, 교세포, 아교세포 neuroglia(l) cell, glial cell, glia

중추 및 말초 신경계를 지지하고 수초를 생성하는 세포. 신경세포 지지, 영양 공급, 노폐물 제거, 시냅스 형성 등에 관여함. 성상교세포 · 희돌기교세포 · 소교세포 · 상의세포 · 슈반세포 등이 해당함.

신경교종 신경아교종 glioma

뇌 · 척수의 신경교세포에 발생하는 종양. 주요 구성 세포에 따라 성상세포종 · 핍지교세포종 · 상의세포종 등으로 분류됨.

신경근접합부 신경근육접합부 neuromuscular junction

시냅스가 근육세포와 접촉하는 부위로 신경 흥분이 근육에 전달되어 활동전위를 유발함. 신경세포와 근육세포 간의 화학적 전달에 관여함.

신경돌기 neurite

신경세포체의 수상돌기 중 하나 또는 축삭이 길어진 구조물.

신경섬유 nerve fibers

신경세포에서 나온 돌기 중 비교적 긴 섬유로 축삭이 모여 형성된 다발. 수초 · 신경초의 존재 여부에 따라 절연 및 전도 기능이 다르며 굵을수록 전도 속도가 빠름.

신경섬유다발 fascicles of nerve fiber

신경계에서 동일한 방향으로 형성된 신경섬유 집합체. 동일한 종류의 신경섬유가 기밀한 다발을 형성해 뚜렷한 기능의 경로를 이룸. 신경계의 신경로 등이 해당함.

신경섬유매듭 neurofibrillary tangle

신경세포 내에 꼬이고 일그러진 형태의 나선형 섬유가 축적된 상태. 알츠하이머병 환자의 해마와 대뇌피질 세포, 노인의 해마 등에서 발견됨.

신경세포 nerve cell

뉴런에서 신경돌기를 제외한 세포체 부분. 뉴런과 동일한 의미로도 사용됨.

신경전달물질 neurotransmitter

시냅스에서 신경세포 간 신호 전달의 매개체가 되는 분자. 시냅스 틈새-연접후 수용기-수상돌기 경로로 신호가 전달됨. 흥분성 또는 억제성 기능을 수행함.

신경절 ganglion

말초신경계의 구성요소 중 하나로 많은 신경세포체의 집합체. 일정 위치에 여러 신경세포가 접합해 결절을 이루고 결합 조직에 둘러싸임.

신피질 neocortex

대뇌피질 중 가장 최근에 진화된 영역으로 6개 세포층으로 구성됨. 인간에게 가장 발달한 구조이며 대뇌피질의 90% 이상을 차지함.

실비안종렬 외측고랑, 외측구, 실비우스열 Sylvian fissure

대뇌를 상하로 분리하는 고랑. 상부에 전두엽 · 후두엽, 하부에 측두엽이 위치함.

실비우스 주위피질 perisylvian cortex

중심고랑과 실비안종렬의 접점 주변부에 있는 피질. 전두 · 두정 · 측두 덮개부가 위치함.

쐐기다발 설상속 fasciculus cuneatus

척수 뒤쪽의 신경섬유 다발로 투사섬유의 감각신경로에 해당함. 식별적 촉각 · 압각 · 심부 지각에 관여함.

쐐기앞소엽 precuneous

대뇌종렬 내측 회백질 부위로 쐐기소엽과 중심곁소엽 사이에 위치함.

아미노산 amino acid

단백질을 구성하는 기본 단위로 뇌 및 신체 전반에 분포함. 일부가 신경전달물질로 작용함. 뇌의 글루타민산 · 아스파르트산은 흥분성, 뇌 · 척수의 감마아미노부티르산은 억제성에 해당함.

아세틸콜린 acetylcholine

신경근접합부에서 분비되는 신경전달물질. 체성신경계의 운동신경, 자율신경계의 부교감신경에 관여함. 콜린성(아세틸콜린 분비 및 사용) 및 항콜린성(아세틸콜린 작용 방해) 작용을 함.

안면신경 facial nerve

7번 뇌신경으로 복합신경에 해당함. 혀 · 경구개 · 연구개 미각, 귀 뒤쪽 감각, 안면 · 설골 근육 운동, 침샘 · 눈물샘 운동, 조음, 삼킴 등에 관여함.

안와전두피질 orbitofrontal cortex

전두엽 기저면의 눈 뒤쪽에 위치한 피질로 안와고랑·안와이랑으로 구성됨. 변연계 등 여러 뇌 영역과 연결되어 욕구·동기 수용, 의사결정, 인지 처리 등에 관여함.

양측성 기능장애 bilateral dysfunction

손상 부위가 신체 양쪽에 영향을 주는 기능장애.

언어중추 language center

브로카영역·베르니케영역 등 언어의 이해 및 표현 기능을 담당하는 대뇌피질의 핵심 영역. 후언어중추(감각성), 전언어중추(운동성), 상언어중추(전언어중추의 보조)로 분류됨.

에피네프린 아드레날린 epinephrine, adrenalin(e)

뇌간 신경세포에 분포하는 호르몬으로 신경전달물질인 모노아민에 해당함. 자율신경계의 교감신경에 관여함.

연수 숨뇌 medulla oblongata, myelencephalon

뇌간 가장 아래에 위치하며 위로는 뇌교, 아래로는 척수와 연결됨. 망상체가 발달하고 많은 뇌신경핵이 시작되는 부위. 심장 및 혈관 운동, 호흡, 소화, 반사 관련 중추가 위치함.

연접후수용체 시냅스후수용기, 연접후수용기 postsynaptic receptor

시냅스의 종말단추에서 분비되는 신경전달물질과 결합하는 특수 단백질 분자. 시냅스후막에 위치함.

연질막 연막 pia mater

뇌막을 구성하는 막 중 하나로 혈관이 많은 성긴 결합 조직막. 일부는 뇌실 안쪽으로 들어가 뇌척수액을 형성하는 맥락막총이 됨.

연합뉴런 interneuron, relay/association/bipolar/connector neuron

신경계를 구성하는 신경세포 유형 중 하나. 감각 및 운동 신경세포나 연합뉴런들 간을 연결해 거대한 신경망을 형성함. 인간의 뇌는 천억 개의 연합뉴런을 보유함.

연합섬유 association fibers

동일 반구 내 대뇌피질을 연결하는 백질 섬유다발. 갈고리다발 · 상종 단다발 · 하종단다발 · 대상다발 · 활모양다발 등이 해당함.

연합피질 association cortex

대뇌피질 중 일차 감각 및 운동 피질을 제외한 나머지 신피질 영역.

열 틈새, 구 fissure

뇌벽 전체에 걸친 대뇌피질의 깊은 주름. 고랑에 비해 더 깊고 돌출된 형태.

와우핵 cochlear nucleus

뇌간 뒤쪽 측면에서 뇌교와 골수의 교차점에 걸친 신경섬유가 처음으로 시냅스를 이루는 핵. 청각 체계의 첫 번째 중계역에 해당함. 복측은 고주파, 배측은 저주파 신호를 처리함.

완두동맥 무명동맥 brachiocephalic trunk

대동맥궁의 최초 가지로 우측 총경동맥과 쇄골하동맥으로 분지하는 동맥. 두경부 · 상지에 분포함.

외경동맥 external carotid artery(ECA)

경동맥계의 총경동맥에서 분지해 안면 · 두개 등에 이르는 동맥. 얼굴 · 머리 · 뇌막 · 두피 등에 혈액을 공급함.

외전신경 abducens nerve

6번 뇌신경으로 운동신경에 해당함. 안구 운동을 담당함.

외측뇌실 가쪽뇌실, 측뇌실 lateral ventricle

　　양 반구에 위치한 1쌍의 뇌실로 전각·후각·하각으로 구성됨. 제3뇌실과 교류함. 평소 적당량의 뇌척수액이 흐르나 병리적으로 증가해 공간이 확대되기도 함.

외측피질척수로 lateral corticospinal tract

　　대뇌피질에서 척수로 내려가는 추체로 중 하나. 중심앞/뒤이랑·전전두엽-방사관·내포·중뇌·뇌교-연수로 연결됨. 꼬리쪽 연수에서 추체교차가 일어나 외측 척수의 외측 섬유단으로 내려감. 신체 운동에 관여함.

외포 바깥섬유막 external capsule

　　렌즈핵 외측과 대상핵 사이를 지나는 백질섬유로. 기저핵을 중심으로 내포와 분리됨.

우반구 right hemisphere

　　대뇌반구의 우측 영역. 감각·예술·방향·공간·직감·창조·운율 등 통합적 정보를 처리함. 손상 시 단조로운 말, 유머·억양 문제, 시공간장애, 선택적 주의력장애 등을 유발함.

운동뉴런 motor neuron

　　중추신경계의 신호를 근육·샘 등의 반응기에 전달하는 뉴런.

운동신경 motor nerve

　　척수나 뇌에서 근육으로 자극을 전달하는 신경. 안구·어깨·혀 등의 운동에 관여하는 5쌍의 뇌신경이 해당함.

운동신경로 내림신경로, 원심성 신경로 motor pathway

　　중추신경계의 운동 신호를 근육·신체기관 등에 전달하는 통로. 운동 섬유로 구성됨.

윌리스 환 윌리스 고리, 대뇌동맥륜, 대뇌동맥환, 대뇌동맥고리 circle of Willis
내경동맥의 전대뇌동맥 · 중대뇌동맥, 추골동맥의 후대뇌동맥이 전교
통동맥 · 후교통동맥에 의해 연결되어 이루는 동맥 고리. 뇌로 가는 동
맥의 손상 시 혈액 공급을 보충하는 안전장치의 역할을 함.

유두체 mammillary body
뇌궁 앞쪽 끝에 위치한 변연계 구조. 해마에서 신경섬유를 받아 시
상 · 뇌간의 뒤판으로 연결함.

유수신경섬유 medullated nerve fiber
수초로 덮인 뇌 · 척수의 신경섬유. 수초가 없는 무수신경섬유에 비해
흥분 전도 속도가 매우 빠름.

의핵 의문핵 ambiguous nucleus
연수망상체 · 삼차신경 · 척수로핵 · 하올리브핵의 중간에 위치한 운동
신경핵. 설인신경 · 미주신경 · 부신경과 연관되어 발성 · 말 · 삼킴에
크게 관여함.

일차시각피질 일차시각영역 primary visual cortex
후두엽 뒤쪽의 대뇌반구 사이 내측에 위치한 피질 영역(BA17). 시각
정보를 일차적으로 수용함.

일차운동피질 일차운동영역 primary motor cortex
대뇌피질의 중심고랑 바로 앞에 위치하는 영역(BA4). 기관 · 근육의 운
동 통제에 직접적으로 관여함.

일차청각피질 일차청각영역 primary auditory cortex
대뇌피질의 청각 정보를 일차적으로 수용해 감지하는 측두엽 영역
(BA41). 헤쉴이랑이 위치함.

일차체성감각피질 일차체감각영역 primary somatosensory cortex

체성감각을 일차적으로 수용하는 두정엽 영역(BA1~3). 중심뒤이랑 ·

중심곁소엽이 해당함.

44

자율신경계 autonomic nervous system

의지와 상관없이 체내 기관이나 조직 활동을 지배하는 신경계. 15쌍의
교감신경 및 8쌍의 부교감신경으로 구성됨. 체성신경계와 함께 말초
신경계를 이룸.

장연합섬유 long association fiber

서로 다른 뇌엽 간을 연결하는 연합섬유 유형. 갈고리다발·상종단다
발·하종단다발·띠다발·활모양다발 등이 해당함.

저작핵 masticator nucleus

삼차신경의 운동핵. 씹기 관련 근육에 신경신호를 보냄.

적핵 red nucleus

운동에 관여하는 중뇌의 신경핵. 소뇌로부터 소뇌적핵로, 대뇌피질로
부터 피질적핵로를 연결해 하부운동신경세포로 내려보냄.

적핵척수로 rubrospinal tract

중뇌의 적핵에서 척수까지 연결되는 추체외로. 사지근육 운동을 통제함.

전교련 anterior commissure

뇌궁 앞에 위치한 교련섬유로 좌·우뇌 중측두이랑, 하측두이랑, 편도 체를 상호 연결함. 한쪽 반구의 후두엽과 반대쪽 측두엽 간을 연결해 시청각 연합에 관여함.

전교통동맥 anterior communicating artery

시각 교차 전방에서 대뇌종렬에 걸쳐 좌우 전대뇌동맥을 연결하는 동 맥. 후교통동맥과 함께 윌리스 환을 이룸.

전뇌 앞뇌 forebrain

뇌의 가장 앞쪽 영역. 배아에서 발생한 신경관 앞쪽의 전뇌·중뇌·능 뇌 구조가 발달해 전뇌는 종뇌(대뇌반구)와 간뇌, 능뇌는 후뇌(소뇌)와 수뇌(연수)로 분화됨.

전대뇌동맥 anterior cerebral artery(ACA)

경동맥계의 일부로 전교통동맥에 의해 양 반구를 상호 연결함. 외측 은 상전두이랑·상두정이랑 위쪽, 내측은 전두엽·두정엽 내측, 띠이 랑·뇌량(팽대 제외)·안와이랑·꼬리핵(머리) 등에 혈액을 공급함.

전두극 frontal pole

전두엽의 맨 앞부분. 전두극피질에 속하며 전두엽의 외측·내측·하 측 표면 내 이랑들과 연결됨.

전두엽 이마엽 frontal lobe

대뇌반구의 가장 앞쪽 영역으로 중심고랑에 의해 두정엽과 분리됨. 중 심앞이랑, 상/중/하전두이랑, 브로카영역 등이 해당함. 운동 계획과 수 행, 운동 프로그램 저장, 기억력, 사고력, 정보·행동 조절 등에 관여함.

전운동영역 전운동피질 premotor area

일차운동영역 앞쪽에 위치한 대뇌피질 영역(BA6). 보조운동영역이 포함됨. 전반적 운동 계획과 정확한 운동 수행에 관여함.

전전두엽 prefrontal lobe

전두엽의 전운동영역 바로 앞에 위치한 영역. 일차운동영역·전운동영역을 제외한 앞부분 전체. 전전두피질·안와전두피질·상부내측피질로 분류됨. 추론 및 계획, 문제해결, 감정 억제 등에 관여함.

전정와우신경 vestibulocochlear nerve

8번 뇌신경으로 감각신경에 해당함. 특수감각인 청각·평형 감각을 담당함.

전정척수로 vestibulospinal tract

뇌교 전정핵에서 척수까지 연결되는 추체외로. 운동 촉진 및 억제를 통해 자세 조절에 관여함.

전정핵 vestibular nucleus

전정신경 정보를 소뇌·뇌간·척수 운동핵으로 내보내는 신경핵. 뇌교 아래 외측과 연수에 걸쳐 있으며 4개 신경핵으로 분류됨.

전피질척수로 anterior corticospinal tract

대뇌피질에서 척수로 내려가는 추체로 중 하나. 교차되지 않은 신경세포가 좌우 동측으로 내려가 복측 척수에 도달한 후 교차함. 운동신경세포와 연접을 이룸.

전하소뇌동맥 anterior inferior cerebellar artery(AICA)

소뇌 전하면에 분포하는 추골-뇌저동맥계의 일부. 뇌저동맥에서 분지하고 후하소뇌동맥 등과 공통지를 이룸. 소뇌 하부 앞쪽과 뇌교 뒤쪽에 혈액을 공급함.

접형골 나비뼈 sphenoid bone

머리 양쪽에 걸친 나비 모양의 뼈로 두개골의 일부이자 안와를 이루는 7개 뼈 중 하나. 관자뼈 앞쪽에 위치하며 척수가 통과하는 후두골과 결합함.

정맥동 dural venous sinuses

뇌 경막층 사이의 정맥 통로. 뇌 내외부 정맥에서 혈액을, 지주막하강에서 뇌척수액을 받음.

제3뇌실 third ventricle

시상 안쪽, 시상하부 위쪽, 뇌량 아래쪽에 위치한 뇌실. 외측뇌실 및 중뇌 뇌수도관을 통해 제4뇌실로 연결됨. 뇌척수액을 생산함.

제4뇌실 fourth ventricle

뇌교와 소뇌 사이에 위치한 뇌실. 위로는 뇌수도관을 통해 제3뇌실과, 아래로는 척수 중심관과 연결됨. 생산된 뇌척수액을 뇌지주막하 공간으로 공급함.

조가비핵 피각 putamen

기저핵의 주요 구조에 해당하는 조가비 모양의 큰 핵 조직. 꼬리핵과 함께 줄무늬핵을, 창백핵과 함께 렌즈핵을 이룸.

종뇌 telencephalon

대뇌반구에 해당하는 구조로 간뇌와 함께 전뇌를 이룸.

종말단추 시냅스 단추, 시냅스 혹 terminal button

축삭 말단에서 갈라져 인접 세포의 수상돌기 근처에 위치한 구조. 신경전달물질을 보유한 시냅스 소낭이 포함됨.

좌반구 left hemisphere

대뇌반구의 좌측 영역. 언어, 논리, 시간 개념, 계산, 운동 계획 및 제어 등 분석적 정보 처리를 주로 담당함. 오른손잡이의 95%, 왼손잡이의 80% 이상에서 언어중추가 존재하는 반구로 손상 시 다양한 언어장애를 유발함.

줄무늬체 선조체 corpus striatum

단면에 줄이 간 것처럼 보이는 기저핵 부분. 꼬리핵·조가비핵·창백핵을 합친 구조.

줄무늬핵 선조핵 striatum

줄이 그어진 모양을 갖는 기저핵 구조 중 꼬리핵과 조가비핵을 지칭함.

중뇌 midbrain, mesencephalon

뇌간에 속하는 구조로 간뇌 아래와 뇌간 상단에 위치함. 눈 움직임, 청각, 평형 유지에 관여함.

중뇌수도관 중간뇌수도관, 중뇌수도, 대뇌수도관 cerebral aqueduct

제3 및 제4 뇌실을 연결하는 좁은 도관. 뇌실막으로 덮여있고 뇌척수액을 운반함.

중대뇌동맥 middle cerebral artery(MCA)

내경동맥에서 분지해 전두엽·측두엽·후두엽 외측, 기저핵부, 뇌섬, 측두극 등에 혈류를 보내는 동맥.

중심곁소엽 paracentral lobule

대뇌 내측면의 중심고랑 주변 영역.

중심고랑 중앙구, 롤란도고랑/틈새 central sulcus, fissure of Rolando, Rolandic fissure

대뇌를 앞뒤로 분리하는 고랑. 앞쪽에 전두엽, 뒤쪽에 두정엽이 위치함.

중심뒤이랑 중심후회 postcentral gyrus

중심고랑 바로 뒤의 이랑으로 두정엽에 속함.

중심앞이랑 중심전회 central gyrus

중심고랑 바로 앞의 이랑으로 전두엽에 속함.

중전두이랑 중전두회 middle frontal gyrus

중심앞이랑 앞에 수평으로 나란히 위치한 세 이랑 중 중간 이랑.

중추신경계 central nervous system(CNS)

뇌·척수로 구성된 신경계의 일부. 다수의 신경세포·신경교세포로

구성되어 신경계의 중심 역할을 수행함.

중측두이랑 중측두회 middle temporal gyrus

상측두고랑에 의해 상측두이랑과 분리되는 측두엽 이랑.

지주막 거미막 arachnoid membrane

뇌막을 구성하는 막 중 하나로 혈관이 없는 얇은 결합 조직막. 지주막

과립을 생성하고 척수를 경막에 고정시킴.

지주막하 공간 거미막밑 공간 subarachnoid space

연질막 위쪽과 지주막 아래쪽 사이의 공간. 뇌·척수를 감싸며 뇌척수

액으로 채워진 구조.

창백핵 담창구 globus pallidus

　　기저핵의 주요 구조로 조가비핵 안쪽에 위치한 회백색 덩어리. 외측부
와 내측부로 나뉘며 조가비핵과 함께 렌즈핵을 이룸.

척수 spinal cord

　　척추 내에 위치하는 중추신경계의 구조. 31분절로 구성되며 좌우로 분
지된 1쌍의 척수신경과 연결됨. 뇌-말초신경계 간 중계와 척수반사를
담당함.

척수소뇌로 spinocerebellar tract

　　척수에서 출발해 소뇌로 직접 투사하는 신경섬유다발. 전척수소뇌
로 · 후척수소뇌로가 포함되며 고유감각을 전달함.

척수시상로 spinothalamic tract

척수부터 상위 구조까지 연결되는 투사섬유 중 감각 신경섬유의 유형. 척수부터 시상까지 연결됨. 외측척수시상로는 온도 · 통각, 전척수시 상로는 촉각 · 압각에 관여함.

척수신경 spinal nerve

척추 사이의 틈새를 통해 척수와 연결되는 31쌍의 신경. 뇌신경과 함께 말초신경계를 이루며 구심성 감각섬유 및 원심성 운동섬유가 포함됨.

척수핵 spinal trigeminal nucleus, spinal nucleus

연수에서 척수의 두 번째 목 분절까지 연결되고 삼차신경의 척수로 안쪽에 위치한 신경핵. 얼굴에서 통증 및 온도 감각을 수용하는 이차 신경세포로 구성됨.

척주 vertebral column

척추와 척추 사이의 연골이 모여 기둥을 이룬 상태. 위로는 머리, 아래로는 골반과 연결됨.

천막상 구조 supratentorial region

소뇌천막 위에 위치한 뇌 영역. 대뇌가 포함됨.

천막하 구조 infratentorial region

소뇌천막 아래에 위치한 뇌 영역. 뇌간 · 소뇌가 포함됨.

청각연합영역 auditory association cortex

측두엽 상측두이랑의 헤쉴이랑 주변부와 베르니케영역에 해당하는 부위. 청각 정보의 종합 · 분석, 경험에 근거한 소리의 인식 · 해석에 관여함.

청각중추 auditory center

측두엽 상부에 위치해 소리를 인식하는 부분. 외이 및 중이, 내이 달팽이관에 전달된 소리가 내이신경에 의해 청각중추에 도달함.

청신경 청각전정신경, 전정와우신경, 청각신경 acoustic/auditory vestibular/vestibulocochlear/auditory nerve

8번 뇌신경으로 감각신경에 해당함. 귀에서 대뇌로 연결되며 와우·전정 영역으로 분류됨. 청력, 평형, 머리 움직임에 관여함.

체성감각 체감각 somesthesis

체성신경계에 의한 전신 감각. 피부·근육 등의 촉각, 위치·온도 감각, 압각, 통각 등이 해당함. 촉각·위치 감각은 조음에 크게 관여함.

체성신경계 체신경계 somatic nervous system

말초신경계의 유형으로 운동 및 감각 신경으로 구분됨. 뇌신경·척수신경이 신체 감각과 수의적 운동에 관여함.

총경동맥 common carotid artery

두경부 내 동맥의 주된 가지로 경동맥계의 일부. 우측은 완두동맥, 좌측은 대동맥궁에서 출발해 내경동맥·외경동맥으로 분리됨.

최종공통경로 final common pathway

구심성 신경섬유의 반사성 자극, 추체로·추체외로의 하강성 운동 자극 등이 모여 운동 명령이 최종적으로 처리되는 경로. 하부운동신경세포가 해당하며 흥분 활동으로 근수축을 유발함.

추골-뇌저동맥계 vertebro-basilar system

쇄골하동맥에서 분지한 좌우 1쌍의 추골동맥 및 이와 연결된 뇌저동맥을 통칭하는 뇌혈관계. 뇌의 후방을 순환하는 후뇌 순환에 해당함.

추골동맥 vertebral artery

양측 쇄골하동맥에서 분지해 뇌교연수이행부에서 합쳐진 후 1개의 뇌
저동맥으로 연결되는 뇌동맥. 후하소뇌동맥·전척수동맥·후척수동
맥으로 분리됨.

추체교차 피라미드 교차 pyramidal decussation

연수 아래쪽 경계에서 피라미드를 이루던 피질척수로의 섬유들이 반
대쪽으로 교차하는 현상. 좌·우뇌 신경세포의 80~90%는 꼬리쪽 연
수, 나머지는 복측 척수에서 교차됨.

추체로 pyramidal tract

상부운동신경세포인 대뇌피질의 신경세포에서 뇌간이나 척수를 거쳐
하부운동신경세포까지 연결되는 운동신경로. 피질뇌간로·피질척수
로가 해당되며 신체의 수의적 운동에 관여함.

추체외로 extrapyramidal system

대뇌반구의 기저핵 및 관련 신경 회로가 포함된 운동신경로. 반사적·
불수의적 운동 조절과 협응에 관여하고 추체로와 상호 보완적으로 작
용함. 피질-기저핵-시상-피질 회로, 망상척수로, 전정척수로, 적핵척
수로, 덮개척수로 등이 해당함.

축삭 축삭돌기, 축색 axon

신경세포의 세포체에서 뻗어 나온 가장 긴 돌기. 말단 부위가 시냅스
와 결합해 신경세포의 흥분을 전달함. 통합된 신경신호를 신경세포 안
팎으로 내보냄.

축절면 axial plane

뇌를 포함한 신체의 해부학적 단면 중 일정 정도 각을 기울여 수평으
로 자른 단면.

측두골 관자뼈 temporal bone

　두개골의 측두부를 이루는 뼈. 인상·고실·유양돌기·추체 부위로 분류됨. 내측에 뇌간으로 가는 청신경이 통과하는 내이도가 위치함.

측두극 temporal pole

　측두엽 가장 앞부분으로 변연계 주위 영역에 해당함. 고차원적 의미 표상과 사회적·감정적 처리에 관여함.

측두엽 관자엽 temporal lobe

　실비안종렬에 의해 전두엽·두정엽과 분리되는 피질 측면부. 상/중/하측두이랑, 베르니케영역 등이 해당하며 청각 정보를 일차적으로 수용함. 대개 좌반구 측두엽이 구어 이해에 핵심적 역할을 수행함.

측두평면 측두면 planum temporale

　측두엽의 청각피질 내 헤쉴이랑 바로 뒤쪽에 위치한 피질 영역. 언어 산출 및 음악에 관여함.

코르티솔 cortisol

부신피질에서 분비되는 스테로이드 호르몬. 다양한 스트레스 인자에
의해 유도되기도 함. 장기적 스트레스 반응, 탄수화물 대사 조절, 불필
요한 근육단백질 분해에 관여함.

E

타래결절엽 flocculonodular lobe

계통발생학적으로 가장 오래된 소뇌 영역으로 좌우 편엽 및 소절로 구성됨. 전정신경섬유를 1·2차적으로 수용해 평형 유지에 관여함.

탈분극 depolarization

세포막 안쪽이 바깥쪽보다 음의 전하를 띠는 안정된 상태에서 변화해 막전압이 양의 값으로 빠르게 전환되는 상태. 신경신호의 전달 과정에 해당함. 이후 안정막전압으로 복귀하는 재분극이 발생함.

탈수초화 demyelination

자가면역 염증성·감염성·유전성 등의 원인으로 축삭을 둘러싼 미엘린수초가 떨어져 나가 구조적으로 변화하는 현상.

투사섬유 projection fiber

대뇌피질을 간뇌 · 뇌간 · 척수 등의 하위 구조나 말초기관으로 연결하는 섬유다발. 방사관을 이루며 감각 · 운동 섬유로 분류됨. 손상 시 감각실어증 등을 유발함.

팽대 splenium

뇌량의 뒤쪽 영역으로 무릎과 함께 뇌량을 이루는 구조 중 하나. 측두
엽, 후방 두정엽, 후두엽 피질을 연결하는 무수한 축삭으로 구성됨.

편도체 amygdala

해마 끝부분에 위치한 변연계 구조. 외부 감각과 내적 정보를 피질 정
보와 연결해 동기 · 감정 · 학습 관련 정보의 통합 및 처리에 관여함.

편재화 lateralization

특정 정신 기능이 대뇌반구 중 어느 한쪽에 치우치는 경향성.

편측성 기능장애 unilateral dysfunction

손상 부위가 신체의 한쪽에 국한되어 나타나는 기능장애.

폐쇄연수 closed medulla

중앙에 중심관 구멍이 있는 연수의 하부로 피질뇌간로가 교차하는 영역. 제4뇌실이 관찰되지 않고 망상체 · 척수핵 · 피질척수로 등이 위치함.

피질기저핵 변성 corticobasal degeneration(CBD)

대뇌피질과 기저핵에 발생하는 신경변성 질환. 파킨슨플러스증후군 중 하나로 분류되며 운동 및 인지 장애를 유발함.

피질뇌간로 corticobulbar tract

피질에서 뇌간까지 연결되는 추체로. 뇌간과 연결된 뇌신경, 말 산출 및 삼킴 관련 근육운동 등을 조절함.

피질뇌교로 corticopontine tract

피질에서 내포를 거쳐 뇌교핵까지 연결되는 하행섬유 경로. 계획된 운동 기능의 협응을 위해 소뇌와 교류함.

피질척수로 corticospinal tract

피질에서 척수의 복측 회백질까지 연결되는 추체로. 연수에서의 추체 교차 여부에 따라 외측피질척수로와 전피질척수로로 분류됨. 몸통 · 사지의 수의적 운동에 관여함.

ㅎ

하두정소엽 inferior parietal lobule

두정엽 아래쪽의 약 1/2에 해당하는 부위로 중심뒤이랑 뒤쪽에 위치
함. 모서리위이랑 · 각이랑이 해당함.

하부운동신경세포 하위운동신경원, 이차운동신경세포 lower motor neuron(LMN)

척수 전각에 위치하고 신경근접합부를 통해 팔 · 목 · 혀 등의 수의근
을 직접 지배하는 운동신경세포. 뇌간과 연결되는 뇌 · 척수 신경과 각
신경근접합부를 통칭함. 최종공통경로에 해당함.

하올리브복합체 inferior olivary complex

연수 앞쪽 측면에 위치한 구조로 많은 섬유가 교차함. 하소뇌각을 거
쳐 소뇌로 연결됨.

하올리브핵 inferior olivary nucleus

신경세포가 주머니처럼 배열된 연수의 신경핵.

하전두이랑 하전두회 inferior frontal gyrus

중심앞이랑 앞쪽에 수평으로 나란히 위치한 세 이랑 중 가장 아래쪽 이랑. 안와부 · 삼각부 · 전두덮개부로 분리됨.

하종단다발 하종속 longitudinal fasciculus

측두엽과 후두엽을 연결하는 장연합섬유의 유형.

하측두이랑 하측두회 inferior temporal gyrus

측두엽의 기저면 중 하측두고랑 아래쪽에 위치한 이랑.

해마 hippocampus

측두엽 안쪽 및 대뇌피질 아래쪽에 위치한 변연계의 일부 구조. 장기 기억, 공간 개념, 감정적 행동 등에 관여함.

해마곁이랑 해마방회 parahippocampal gyrus

대뇌반구 아래쪽 내측의 긴 이랑으로 변연계의 구조 중 하나. 해마고 랑에 의해 해마와 분리되며 뒤쪽은 기억에 관여함.

해마형성체 hippocampal formation

측두엽 안쪽의 복합 구조로 변연계에 속함. 해마 · 해마곁이랑으로 구 성되며 기억력, 공간 탐색, 주의력 조절 등에 관여함.

핵 신경핵 nucleus

신경세포 내 세포체의 중심을 이루는 구조. 핵주위부가 둘러쌈.

헤쉴이랑 헤쉴회, 가로측두이랑 Heschl's gyrus

일차청각피질 내 측두면 위쪽의 이랑. 입력되는 청각 정보를 최초로 처리하는 피질 구조.

혈뇌장벽 혈액뇌장벽 blood-brain barrier

뇌 조직과 혈액 사이의 생리학적 장벽. 혈류 속 유해 물질이 뇌 · 척수 에 유입되지 못하도록 차단하는 선택적 방어 구조.

호먼쿨러스 homunculus

대뇌피질에서 감각·운동 영역에 비례해 그린 인체 형상. 감각·운동을 요하는 정도에 따라 각 신체 부위의 크기가 다르게 구성됨.

호흡중추 respiratory center

호흡 운동 시 호기·흡기를 주기적으로 조절하는 영역. 중추신경계의 연수·뇌교에 위치함. 들숨·날숨 중추의 뉴런이 상호작용해 호흡 운동을 유발함.

활동전위 신경충격 action potential, nerve impulse

신경세포에 전기 자극이 주어져 세포막 안팎의 전위차인 막전위가 일시적으로 크게 탈분극되는 현상. 축삭을 따라 이동하면서 전기적 흥분을 세포체에서 축삭 말단으로 전달함.

활모양다발 활모양섬유다발, 활꼴다발, 궁상속 arcuate fasciculus

브로카영역과 베르니케영역을 연결하는 연합섬유 유형. 손상 시 전도실어증 등을 유발함.

활차신경 trochlear nerve

4번 뇌신경으로 운동신경에 해당함. 안구 운동을 담당함.

회백질 회색질 gray matter

중추신경계에서 신경세포가 모여 있는 영역으로 신경세포·수상돌기·무수신경돌기 등으로 구성됨. 척수 중심부와 소뇌·대뇌반구 표면에 위치함. 백질 내부의 회백질 덩어리는 신경핵에 해당함.

후각신경 후신경 olfactory nerve

1번 뇌신경으로 감각신경에 해당함. 후각을 담당하며 손상 시 냄새·풍미 인식, 음식에 대한 흥미 등이 저하됨.

후교련 posterior commissure

중뇌·간뇌의 배측 경계부에 위치한 교련섬유. 중뇌의 좌우 덮개앞핵을 연결하고 동공 반사에 관여함.

후교통동맥 posterior communicating artery

내경동맥계 중대뇌동맥과 추골동맥계 후대뇌동맥을 연결하는 동맥. 전교통동맥과 함께 윌리스 환을 이룸.

후대뇌동맥 posterior cerebral artery(PCA)

뇌저동맥에서 분지한 좌우 1쌍의 동맥으로 후교통동맥에 의해 내경동맥과 연결됨. 중뇌, 간뇌, 측두엽·후두엽 내측 및 기저부, 시상, 내포, 뇌량 등에 혈액을 공급함.

후두앞패임 preoccipital notch

측두엽과 후두엽을 분리하는 홈. 앞쪽에 측두엽, 뒤쪽에 후두엽이 위치함.

후두엽 뒤통수엽 occipital lobe

대뇌의 가장 뒤쪽에 위치한 구조로 두정후두고랑·후두앞패임에 의해 두정엽·측두엽과 분리됨. 일차시각영역·시각연합영역 등이 해당하며 시각·눈 운동 등을 조절함.

후척수소뇌로 posterior/dorsal spinocerebellar tract

척수에서 소뇌로 연결되는 신경로 중 하나. 근육 수축, 힘줄 긴장, 관절 움직임 등 무의식적 고유감각을 전달하는 투사섬유.

후하소뇌동맥 posterior inferior cerebellar artery(PICA)

소뇌 후하면에 분포하는 추골-뇌저동맥계의 일부. 추골동맥에서 분지하고 전하소뇌동맥과 공통지를 이룸. 소뇌 하부 뒤쪽, 외측 연수, 제4뇌실 맥락얼기 등에 혈액을 공급함.

흑질 substantia nigra

중뇌에 위치하나 기저핵과 기능적으로 연결된 구조. 시상밑부핵과 함께
기저핵 회로를 이룸. 치밀부는 도파민 뉴런, 망양체부는 가바(GABA) 분
비 뉴런을 포함함. 손상 시 파킨슨병 등을 유발함.

제2부
신경언어장애

가상현실 치료 simulated presence therapy

　가족·지인이 치매 환자의 삶 중 긍정적 사건을 녹음해 반복적으로 들려줌으로써 사회적 상호작용 등을 돕는 치료법.

가성치매 거짓치매 pseudodementia

　우울증, 식욕 상실, 무관심 등 유사 치매 증상을 보이나 실제적 지능 저하와 기질적 뇌질환이 없는 상태.

가역 문장 reversible sentence

　주어·목적어가 도치되어도 의미가 변하지 않는 문장.

가역성 reversibility

　특정 상태로 변했다가 다시 원상태로 되돌아갈 수 있는 성질. 비가역성의 반대 개념.

가역성 치매 reversible dementia

　원인 질환을 치료하면 증세가 호전되는 치매 유형.

각성 arousal

신경 체계 전반의 생리적 활성화 상태로 처리 및 반응을 위한 노력 동원의 준비 단계. 환기·경계와 함께 주의력 체계를 구성함. 내·외적 자극에 대한 기민한 인식을 통해 유의미한 의사소통이 가능한 상태.

간격-회상 훈련 spaced-retrieval training

학습한 절차의 수행과 자극 인식, 특정 시기의 수행 기억 등을 활용한 기억력 증강 훈련. 오류 없는 학습 등이 해당함.

간이 정신상태검사 mini-mental state examination(MMSE)

지남력·기억력·주의력·언어 등 정신 기능에 대한 선별검사. K-MMSE, MMSE-K 등이 국내에서 활용됨.

감각기억 sensory memory

감각 기관을 통한 현상에 관련된 기억. 기억 단계 모델 중 청각·시각·촉각 등 양식 특화적 형태로 유지되는 등록 과정에 해당함.

감각성 무시증 sensory neglect

병소의 반대편에 제시되는 자극을 인식하지 못하는 증상. 시각성·촉각성 무시증 등이 해당함.

감각실어증 sensory aphasia

이해력 저하가 두드러지는 실어증 유형을 통칭함. 베르니케실어증 등이 해당함.

감각실율증 sensory dysprosodia

우반구 측두엽 내 청각연합영역의 손상으로 말의 운율을 지각하지 못하는 증상.

감각실음증 sensory amusia

우반구 측두엽 내 청각연합영역의 손상으로 음악의 멜로디를 지각하지 못하는 증상.

개방성 두부 손상 관통성 뇌손상 open head injury(OHI)

두개골이 손상된 상태로 외상성 뇌손상의 유형 중 하나. 두피나 점막의 연결상 문제를 유발하며 인지-의사소통장애 등의 원인이 됨.

거울 뉴런 mirror neuron

직접 경험하지 않고 보거나 들을 때에도 동일하게 반응하는 뉴런. 특정 동작을 하거나 이를 관찰하는 상황에서 모두 반응함. 뇌의 여러 영역에 분포함.

건강 관련 삶의 질 health-related quality of life(HRQOL)

건강에 국한된 삶의 질. 일반인과 특정 질병을 앓는 환자의 삶의 질을 포괄함.

게르스트만 증후군 Gerstmann's syndrome

우성반구 두정후두접속 부위의 병변으로 실서증, 실산증, 좌우 지남력장애, 손가락실인증을 보이는 증후군.

결속성 cohesion

담화 내 의미 단위들 간의 관계. 대명사, 접속사, 어휘 반복 등의 결속 장치에 의해 형성됨.

경계 vigilance

자극에 대한 지속적 민감성. 주의력 체계의 일부로 준비 단계에 해당함. 각성·준비의 수준이 낮을수록 저조함.

경도인지장애 mild cognitive impairment(MCI)

사회 및 일상 생활에 심각한 지장은 없으나 기억력 등 인지장애가 점차 저하되는 상태. 기억상실형·비기억상실형·단일영역형·다영역형 등으로 분류됨. 알츠하이머병의 전조 증상으로 간주되기도 함.

경두개 자기자극 transcranial magnetic stimulation(TMS)

전도 전자기 코일에 의해 발생한 자기장으로 뇌의 특정 부위를 자극해 신경세포를 활성화하는 비수술적 뇌 자극법.

경두개 초음파검사 transcranial doppler ultrasound(TCD)

초음파를 뇌에 투과해 반사된 음파로 뇌혈류의 속도 및 폐쇄 여부를 측정하는 비침습적 검사법.

고차원(적) 인지 higher order cognition(HOC)

추론, 문제해결, 비판적 사고, 새로운 분야의 학습, 창의성 등을 발휘하는 데 필요한 과정을 이해하고 적용하는 능력. 사실·지식의 기억과 이해, 문제해결을 위한 개념 적용 등에 활용되는 복합적 인지 영역.

골상학 phrenology

두개골의 형태·크기로 성격과 기능이 결정된다는 학문. 뇌 영역별로 기능이 다르고 특정 기능이 우수할수록 해당 영역이 커진다는 데 근거함.

과립 공포성 변성 과립 공포 변성 granulovacuolar degeneration

과립 조직 파편이 포함된 액체로 채워진 신경세포 공간에 발생하는 병리적 변화. 치매 등 신경학적 질환의 원인이 됨.

과유창성 hyperfluency

장황한 발화 때문에 유창해 보이나 실질적인 내용이 없는 언어 증상. 베르니케실어증의 주요 양상 중 하나.

과제전환 훈련 task switching training

자극문의 형태와 목표 반응을 예상하지 못하도록 과제를 전환하는 방식의 중재법. 집행기능 등의 향상에 효과적임.

교대주의력 alternating attention

둘 이상의 다른 인지 활동을 요하는 과제를 번갈아 가며 수행하는 능력. 주의력의 하위 유형 중 하나로 기호잇기 검사 등을 활용함.

교차반맹 이명반맹 crossed hemianopia

두 눈 시야의 반대쪽이 안 보이는 증상으로 뇌하수체 종양 등에 기인함. 시신경 교차가 압박을 받아 두 눈의 바깥쪽 시야가 안 보이는 양이측반맹, 양쪽 압박으로 안쪽 시야가 안 보이는 양비측반맹으로 분류됨.

교차실어증 crossed aphasia

오른손잡이의 우반구가 손상되어 나타나는 실어증. 대뇌반구 내 언어중추의 위치 등을 고려할 때 출현율이 매우 낮음.

구문 복잡성 syntactic complexity

문법형태소, 구문구조, 문장 간 관계성 등에 기초한 구문적 속성. 문장 길이, 어휘 난이도와 함께 문장 이해에 대한 영향 요인 중 하나.

구성요소 훈련 component training

인지 · 언어의 각 하위 영역을 자극하고 재활성화하는 중재법.

구성장애 constructional impairment

감각 · 운동 장애 없이 그리거나 구성하는 데 어려움이 있는 시공간적 장애. 운동 계획상의 문제인 구성실행증과 달리 시공간적 · 감각적 · 조직화 측면의 장애에 해당함.

구어성 기억 구어기억 verbal memory

제시되는 자극 양식이 구어인 기억의 유형.

구어성 청각실인증 청각-구어 실인증, 순수어농 auditory-verbal agnosia, pure word deafness

말하기 · 읽기 · 쓰기는 보존되나 듣고 이해하는 데 어려움이 있는 청각실인증의 유형. 환경음 등 비구어적 소리는 감별하나 음성과 환경음을 구별하지 못함.

국소론 국재론 localization view

19세기 초 Gall의 골상학에 근거한 실어증학 이론. 뇌의 특정 부위가 특정 기능을 담당한다고 전제함.

국제기능장애건강분류 international classification of functioning, disability, and health(ICF)

세계보건기구(WHO)에 의한 생활 기능 및 장애에 관한 분류. 신체 기능 및 구조, 활동 및 참여, 환경적 요소 등을 포괄함.

국제장애분류 international classification of impairment, disabilities, and handicaps(ICIDH)

WHO에 의한 장애 분류의 개념. 기능장애(impairment), 능력장애(disability), 사회적 장애(handicap)가 인과적 · 시간적 연속선상에 있음을 강조함.

글래스고우 혼수 척도 Glasgow coma scale(GCS)

외상성 뇌손상 후 의식 상태를 평가하는 척도로 Teasdale와 Jennett(1974)이 개발함. 눈뜨기, 구어 반응, 운동 반응 등 3개 영역 및 3~15점 체계로 구성됨.

급성기 acute phase

질환의 증세가 갑자기 나타나 빠르게 진행되는 시기. 신경학적 질환의 경우 뇌손상 초기에 해당하며 뇌 기능의 자연회복이 가장 활발함.

기능자기공명영상 functional magnetic resonance imaging(fMRI)

자기공명영상을 통해 혈류나 산소화 상태를 인지함으로써 뇌·장기의 기능을 검사하는 영상법. 공간 해상도가 우수해 기능의 위치를 추적하는 데 적합함.

기능적 의사소통 functional communication

일상생활에서의 의사소통 성패에 초점을 두는 접근법. 심도 손상, 장기간 회복 불능, 의사소통의 효율성 극대화 등에 적용함.

기면 lethargy

부적절한 상황에서 졸음을 느끼거나 잠들며 활기 없이 몽롱한 상태. 의식장애 분류(명료·기면·둔감·혼미·혼수) 중 급성 변화 상태에 해당함.

기억력 기억 memory

인상·지각·관념 등을 유발하는 정신 기능의 총체이자 학습을 통한 과거 경험의 기록. 정보의 등록·보유·회상·인출 과정을 거침.

기억 보조기구 external memory aids

치매로 인한 미래계획기억의 결함을 보상하는 데 사용되는 기구. 전자계획표·체크리스트·기억책·기억수첩 등이 활용됨.

기억상실증 기억상실, 기억장애 amnesia

과거 사건이나 정보의 일부 또는 전체를 인출하지 못하는 증상. 기억상실 시점을 기준으로 역행성·순행성 기억상실증으로 분류됨.

기호소거 과제 symbol cancellation task

비언어성 기호를 골라 표시하는 과제. 지속주의력 등을 평가하는 데 활용됨.

기호잇기 검사 trail making test(TMT)

지면 위 숫자를 순서대로 연결하는 A형(1-2-3……)과 숫자와 문자를 번갈아 순서대로 연결하는 B형(1-A-2-B……, 1-가-2-나……)으로 구성된 검사. 시지각력 · 지속주의력 등을 평가하며 특히 B형은 교대주의력 · 작업기억 · 집행기능을 잘 반영함.

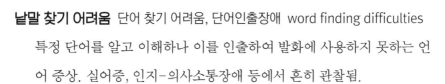

낱말 찾기 어려움 단어 찾기 어려움, 단어인출장애 word finding difficulties

특정 단어를 알고 이해하나 이를 인출하여 발화에 사용하지 못하는 언어 증상. 실어증, 인지-의사소통장애 등에서 흔히 관찰됨.

내부 철자집 internal graphemic lexicon

장기기억 내 철자의 저장소.

내적 언어 속말 inner/internal speech

구체적 발성을 동반하지 않고 내적으로 수행되는 언어 활동. 사고 · 의도를 반영하며 행동 제어와 문제해결 과정에서 발생함.

내현기억 암묵적 기억, 비서술기억 implicit/non-declarative memory

과거 경험이 현재의 행동을 수행하도록 돕는 기억. 절차기억 · 정서기억 등으로 분류됨.

노인성 치매 senile dementia

65세 이후 노년기에 발병하는 치매의 총칭. 다양한 원인으로 뇌 기능
이 손상되어 일상생활을 크게 방해하는 상태.

노인 우울증 척도 geriatric depression scale(GDS)

우울증을 평가하는 자기보고형 척도. 30개 문항으로 구성되며 15개 문
항으로 축소된 GDS-SF가 널리 활용됨.

뇌가소성 신경가소성 brain plasticity, neuroplasticity

억제 해제, 신경 발아 등을 통한 중추신경계의 적응 능력. 뇌손상 후
신경망을 재조직해 이전에 관여하지 않던 특정 기능에 보상적으로 참
여하는 현상.

뇌경색 cerebral infarction

허혈로 인해 혈류량이 감소하거나 부재해 뇌세포의 괴사를 동반하는
질환. 실어증 등을 유발하는 혈관성 원인 질환에 해당함.

뇌과학 brain science

수학·물리학·화학·생물학·의학·공학·인지과학 등을 복합적으
로 적용해 뇌 기제와 기능 전반을 심층적으로 탐구하는 응용 학문. 신
경언어장애 연구의 근간이 되는 기초 및 임상 과학과 연계됨.

뇌낭종 brain cyst

특정 뇌 영역에 물·뇌척수액·조직 등이 축적되어 주머니 모양을 형
성하는 질환. 지주막낭종 등이 있음. 실어증 등을 유발하는 비혈관성
원인 질환에 해당함.

뇌내출혈 뇌출혈, 대뇌출혈 intracerebral hemorrhage(ICH)

뇌혈관이 파열되거나 누출되어 뇌조직에 출혈이 발생한 질환. 출혈성
뇌졸중의 유형으로 실어증 등을 유발하는 혈관성 원인 질환에 해당함.

뇌내혈종 intracerebral hematoma

뇌출혈로 인한 피뭉치. 뇌 구조가 한쪽으로 밀리는 뇌변위 현상을 초래함. 실어증 등을 유발하는 혈관성 원인 질환에 해당함.

뇌농양 brain abscess

중추신경계의 외상, 뇌수술 등으로 뇌조직 내에 침입한 세균이 일으키는 국소적 농양. 실어증 등을 유발하는 비혈관성 원인 질환에 해당함.

뇌매핑 brain mapping

뇌 구조의 공간적 표지를 보여주는 신경과학 기술의 총체. 영상기법 등을 활용한 뇌의 해부·기능 관련 연구와 검사 등이 해당함.

뇌반구 간 재조직 interhemispheric reorganization

뇌반구 간에 발생하는 신경망의 기능적 재조직 현상. 손상되지 않은 뇌반구가 손상된 반구의 기능을 보상함.

뇌반구 내 재조직 intrahemispheric reorganization

동일 뇌반구 내에서 발생하는 신경망의 기능적 재조직 현상. 뇌손상으로 끊긴 통로가 신경 발아를 통해 재연결되어 기능의 회복이나 활성화를 촉진함.

뇌사고 뇌혈관사고 brain attack

뇌혈관성 병리로 인한 뇌 기능 이상의 총칭. 뇌졸중, 뇌혈관 질환, 뇌혈관 손상 등을 대신할 용어로서 공공의식의 강화 차원에서 권고된 바 있음.

뇌손상 brain damage

내·외적 원인으로 뇌 신경 조직에 이상이 생겨 행동이나 기능의 결함을 초래하는 상태. 손상 부위나 크기에 따라 다양한 인지 및 의사소통 장애를 유발함.

뇌수막염 meningitis

지주막과 연질막 사이의 지주막하 공간에 염증이 발생하는 질환. 바이
러스성 · 세균성 등이 있으며 신경언어장애의 원인 질환에 해당함.

뇌수종 수두증 hydrocephalus

뇌실, 지주막하 공간에 뇌척수액이 비정상적으로 축적된 상태. 폐쇄
성 · 비폐쇄성이 있으며 신경언어장애의 원인 질환에 해당함.

뇌실내출혈 intraventicular hemorrhage

대뇌반구 중심에 출혈이 발생한 질환. 주로 동정맥기형, 뇌동맥류 파
열, 시상부 출혈, 대뇌기저핵 출혈 등에 동반되어 발병함. 실어증 등을
유발하는 혈관성 원인 질환에 해당함.

뇌염 encephalitis

신경세포와 신경교세포로 구성된 뇌실질에 발생하는 염증. 실어증 등
을 유발하는 비혈관성 원인 질환에 해당함.

뇌외출혈 extracerebral hemorrhage

수막이나 뇌 표면 혈관에 발생한 출혈. 지주막하 · 경막하 · 경막외 출
혈로 분류됨.

뇌전증 epilepsy

발작을 유발하는 인자가 없음에도 반복적 발작이 만성적으로 발생하
는 질환군. 말 · 언어장애를 유발하는 선천성 중추신경계 질환에 해
당함. 사회적 낙인 등을 고려해 '간질'에서 변경됨.

뇌졸중 뇌혈관 질환, 뇌혈관 사고 stroke

뇌혈관성 원인에 의한 뇌손상의 총칭. 실어증 등의 주요 원인 질환에
해당함.

뇌종양 brain tumor, encephaloma

두개골 내에 발생하는 종양의 총칭. 뇌실질 · 뇌막 · 뇌하수체 · 뇌신경 등에 발병하며 실어증 등을 유발하는 비혈관성 원인 질환에 해당함.

뇌진탕 cerebral concussion

두부에 가해진 외상에 의한 일시적 의식 소실. 혼동의 지속시간에 따라 중증도가 분류됨. 인지-의사소통장애 등의 원인에 해당함.

뇌파검사 electroephalography(EEG)

두피에 전극을 붙여 뇌의 전기 활동을 기록하는 검사. 뇌전증, 국소적 · 기질적 뇌병변, 의식장애 등의 진단에 유용함.

뇌혈관조영검사 뇌동맥조영검사 cerebral angiography

뇌혈관에 조영제를 주입한 후 X선 촬영을 통해 뇌혈관의 이상 유무를 진단하는 검사. 뇌동맥류, 동정맥기형, 혈관 협착 및 폐색 등 뇌혈관 병변의 파악에 유용함.

제2부 신경언어장애

다발경색치매 다발성 경색치매 multi-infarct dementia(MID)

서로 다른 뇌 영역에 뇌경색이 반복되어 유발되는 치매 유형. 열공상
태 · 다발피질경색 · 빈스방거병 등이 주요 하위 원인에 해당함.

다발성 뇌경색 multiple cerebral infarction

큰 혈관이 막히면서 뇌경색이 반복적으로 발생해 뇌 조직에 비가역적
변화를 야기하는 상태. 다발경색치매의 주요 원인에 해당함.

다중양식 복합양식(성) multimodality

언어를 구사하는 복합적 방식으로 듣기 · 말하기 · 읽기 · 쓰기 등이 포
함됨. 실어증의 경우 대부분의 언어 양식에서 어려움을 보임.

단기기억 일차기억 short-term memory(STM), primary memory

경험이나 정보를 단기간 의식 속에 유지하는 기억 유형. 저장 용량인
기억폭은 개인마다 상이함.

단어유창성 구어유창성, 생성이름대기 word/verbal fluency, generative naming

주어진 시간 내에 특정 의미 범주나 음소·음절에 속하는 단어를 산출하는 이름대기 능력. 의미적·음운적 단어유창성으로 분류됨. 통제단어연상검사(COWAT) 등으로 평가됨.

단어인출 치료법 word retrieval therapy

단계적으로 단서를 제공해 이름대기를 촉진하는 치료법. Howard 등(1985)이 고안함.

단어재인 word recognition

단어를 인식한 후 의미를 연결하는 과정. 단어 이해의 시작 단계에 해당함.

단일광자방출단층촬영 single photon emission computed tomography (SPECT)

방사성 추적자를 투여해 뇌혈류 등 생화학적·기능적 상태를 파악함으로써 생체 내 분포를 단층영상으로 제시하는 검사. PET 등과 함께 혈류 변화를 민감하게 반영함.

담화 discourse

대화자 간의 메시지 전달을 목적으로 하는 일련의 발화. 이야기 다시 말하기, 그림 설명하기, 내러티브, 대화, 면담 등을 통해 산출함.

대면이름대기 confrontation naming

제시되는 그림이나 사물의 이름을 말하는 능력.

대사장애 metabolic disorders

체내 물질대사 과정의 이상으로 발생하는 장애의 총칭. 다양한 인지 및 의사소통 장애의 원인 질환에 해당함.

동맥류 aneurysm

동맥벽이 약화되거나 동맥 내 압력이 증가해 일부가 팽창된 상태. 실어증 등을 유발하는 혈관성 원인 질환에 해당함.

동시실인증 simultanagnosia

머리·눈의 움직임은 정상이나 시각 자극의 주요 요소를 하나 이상 동시에 인식하지 못하는 증상. 자극의 일부는 파악해도 하나로 통합하지 못함.

동작사전 praxicon

좌반구 상두정소엽에 위치한 동작 수행의 저장소. 동작 프로그래밍을 작동시켜 관련 운동 영역을 활성화함으로써 근육운동과 동작 수행을 유발함.

동정맥 기형 arteriovenous malformation(AVM)

뇌동맥·뇌정맥이 서로 엉켜 모세혈관과 단절됨으로써 혈액이 동맥에서 정맥으로 직접 흐르는 선천적 혈관 기형. 실어증 등을 유발하는 혈관성 원인 질환에 해당함.

동측성 반맹 homonymous hemianopsia

양쪽 눈의 우측 또는 좌측 1/2의 시야가 안 보이는 증상. 뇌졸중, 외상성 뇌손상 등에 의한 후두엽 시각 영역의 결함 등에 기인함.

두부 손상 head injury

외부 충격으로 머리에 손상을 입은 상태. 뇌 외에 두피·두개골 등의 손상도 포함하므로 외상성 뇌손상보다 광범위한 개념에 해당함. 두개골·안면 골절로 인한 직접적 손상, 뇌진탕·뇌출혈·두개내출혈 등 간접적 손상, 두개골 골절 유무에 따른 개방성·폐쇄성 손상으로 분류됨.

둔감 obtundation

단순한 자극에 대해 각성 상태를 완전히 유지하기 어려운 의식장애의
단계. 지속적 자극이 있어야 각성 상태가 유지됨.

따라말하기 repetition

다양한 길이와 문법요소로 구성된 자극어를 듣고 그대로 따라 말하는
능력. 일차청각피질·베르니케영역·브로카영역·일차운동피질·뇌
신경 등 전반적 언어 회로가 관여함.

레이 복합도형 및 재인 검사 Rey complex figure test and recognition trial (RCFT)

시공간력 · 시공간기억을 평가하는 신경심리검사. Meyers와 Meyers (1995)가 고안함.

루리아 고리 Luria loop

고리 자극을 똑같이 여러 번 베껴 그림으로써 집행기능을 평가하는 신경심리검사. 보속증의 변별에 유용함.

루이소체 치매 루이형 노인성 치매 Lewy body dementia

루이소체의 증식으로 도파민 · 아세틸콜린 생성 신경세포가 소실되어 운동장애와 정신적 퇴행을 초래하는 치매 유형. 알츠하이머형 · 혈관성 치매와 함께 주요 진행성 치매에 해당함.

만성기 chronic phase

질환이 급하거나 심하지 않고 쉽게 진전되지 않는 단계. 신경학적 질환의 경우 뇌손상 이후 수년까지의 시기로 1~2년까지는 자연회복이 진행될 수 있음.

말초형 실독증 peripheral alexia

시각적 처리 등 언어외적 처리 과정의 결함에 기인한 실독증. 실서증 없는 실독증, 무시실독증, 주의실독증 등으로 분류됨.

말초형 실서증 peripheral agraphia

철자 표상의 프로그래밍을 통해 글자 형태를 물리적으로 산출하는 쓰기 집행 단계의 결함에 기인한 실서증. 이서장애, 실행실서증, 실행증에 기인하지 않은 집행장애, 무시실서증 등으로 분류됨.

망상 delusion

잘못된 판단이나 확신이 병적으로 형성된 사고의 이상 상태. 신경학적 질환 등 다양한 병리적 변화에 수반되는 의식 상태의 유형.

매핑치료기법 mapping therapy(MT)

통사·의미 처리에 기반한 가역 문장을 산출하기 위해 능동문-비가역 문장, 능동문-가역 문장, 수동문-비가역 문장, 수동문-가역 문장 순으로 진행하는 실어증 치료법. Schwartz 등(1994)이 고안함.

멜로디억양치료 melodic intonation therapy(MIT)

뇌반구 간 재조직에 근거해 음의 길이·높낮이 등 손상되지 않은 비언어적 기능을 활용하는 실어증 치료법. 멜로디를 조합해 노래 형식으로 발화를 유도함. Albert 등(1973)이 고안함.

명제밀도 propositional density

반복적이거나 상관없는 명제를 제외한 새로운 명제가 전체 명제에서 차지하는 비율. 담화의 효율성과 의미적 풍부함을 반영하는 지표에 해당함.

명제발화 명제말 propositional speech

의미 있는 단어와 정보가 포함된 발화 유형. 사고를 요하는 질문에 대한 발화 등이 해당함.

명칭실어증 이름실어증 anomic aphasia

말하기나 쓰기에서 사물·사람·동작의 이름을 인출하는 데 어려움이 있는 실어증 유형. 다른 실어증 유형의 중증도가 전반적으로 완화되면서 명칭실어증으로 분류되기도 함.

무시실독증 neglect alexia

병소의 반대쪽 시야를 무시하는 증상으로 인해 단어나 문장의 한쪽을 무시하고 다른 한쪽만 읽는 시각적 오류.

무시실서증 구심실서증, 공간실서증 neglect agraphia

우반구 두정엽의 병변으로 감각 피드백을 활용하지 못하거나 운동 감각이 손상되어 쓰기가 저하되는 증상.

무시증 무시증후군 neglect

감각 · 지각 · 운동 기능이 정상임에도 한쪽에서 전달되는 시각 · 청각 · 촉각 자극을 인식하지 못하는 증상. 주로 우반구 손상에 기인하며 손상의 반대쪽 자극에 대한 편측 공간무시증이 나타남.

문맥발화 contextual speech

문장 · 문단 읽기, 대화, 그림 설명 등을 통해 산출되는 발화 유형.

문자소거 과제 letter cancellation task

여러 문자가 쓰인 자극에서 특정 문자를 선택해 표시하는 과제. 지속 주의력을 평가하는 데 유용함.

문장완성 과제 sentence completion task

일부 단어가 빠진 문장을 완성하는 자발화 유도 과제.

문제해결력 problem solving

목표의 성취를 위해 방해물이 있는 상태에서 주어진 과제나 상황을 구조화시키는 복잡한 인지 활동. 목표 확인, 문제 규명, 정보 수집, 해결 방법 탐구, 행동계획 수립, 효과성 평가 등이 포함됨.

문해 literacy

문자를 읽고 쓰는 능력. 광의에는 말하기 · 듣기 · 읽기 · 쓰기 등 모든 언어 영역을 수행할 수 있는 상태가 포함됨.

미네소타 실어증 감별진단검사 Minnesota test for differential diagnosis
of aphasia(MTDDA)

청각적 이해, 시각 및 읽기, 구어 등에 대한 종합적 실어증 평가도구.
병소가 아닌 장애 정도, 관련 장애 등 실어증의 특징에 따라 유형을 분
류함. Schuell(1965, 1973)이 개발함.

미래계획기억 전향기억 prospective memory

미래에 수행할 일에 대한 기억. 과거에 형성된 의지가 현재의 행동에
영향을 미쳐 특정시간에 할 일을 기억하고 수행하는 데 관여함.

ㅂ

반문맹 준문해 semiliteracy

쓰기는 불가능하나 간단한 수준의 읽기가 가능한 문해 수준.

반향기억 iconic memory

청각적으로 제시된 자극에 대한 감각기억.

반혼수 상태 준혼수 상태, 혼미 상태 semi-comatose

반사는 유지되나 자발적 운동이 거의 없는 의식 상태. 통증 자극에 대
해 약간의 순응성 움직임을 보이거나 이름을 부르면 신음소리를 산출
하기도 함.

발린트 증후군 Balint's syndrome

두정엽 손상으로 시각과 공간 지각에서 이상을 보이는 증상. 동시실인
증 · 안구운동실행증 · 시각운동실조증이 포함됨.

발화부족형 진행성 실어증 logopenic progressive aphasia(LPA)

느리고 적은 발화, 발화 시작의 어려움, 낱말 찾기 어려움, 음소착어,
작업기억장애 등을 보이는 원발성 진행성 실어증의 변이형 중 하나.

베르니케-게슈윈 모델 Wernicke-Geschwind model

신경 통로의 단절에 따라 언어장애를 도식화한 모델. 언어가 감각·
지각 기능인 이해와 운동 기능인 표현으로 구성된다는 데 기초함.
Geschwind(1965)이 고안함.

베르니케-리히타임 모델 Wernicke-Lichtheim model

표현·이해 언어중추와 추상적 개념을 연결한 실어증 도식. Lichtheim
(1885)이 고안함.

베르니케실어증 Wernicke's aphasia

청각·시각 자극에 대한 이해력이 상대적으로 저하되는 실어증 유형.
감각성·수용성·유창성·후방성 실어증에 해당함.

보속실서증 perseverative agraphia

전두엽 병변으로 인한 중추형 실서증의 유형. 동일한 자극어에 대한
반응을 반복적으로 쓰는 증상.

보속증 perseveration

이전 자극에 대한 반응을 반복하거나 자극이 제시되지 않은 상태에서
특정 반응을 반복하는 증상. 발화·쓰기 등 언어적 과제, 그리기 등 비
언어적 과제에서 나타남.

보속착어 perseverative paraphasia

이전의 목표어에 대한 반응을 이후에도 반복하는 언어 양상. 실어증에
동반되는 착어 유형 중 하나.

보스턴 실어증 진단검사 Boston diagnostic aphasia examination(BDAE)

5개 영역 및 27개 하위검사로 구성된 실어증 진단도구. 실어증의 유형 분류에 활용됨. Goodglass 등(1972, 1983, 2000)이 개발함.

보스턴 이름대기검사 Boston naming test(BNT)

이름대기 능력을 진단하는 심화검사. BDAE의 일부로 60개 그림에 대한 대면이름대기 능력을 평가함. Goodglass와 Kaplan(2000)이 개발함.

보유 폭 retention span

즉각기억을 통해 한 번에 저장할 수 있는 항목 수. 즉각기억의 용량을 측정하는 데 활용됨.

부호화 encoding

언어, 시각·청각 정보 등을 처리하고 저장하기 위해 특정 체제 내로 정보를 변형시키는 과정. 장기기억에 이미 존재하는 정보와 특정 정보를 연결시켜 전환함.

분리주의력 분할주의력 divided attention

동시에 하나 이상의 과제를 수행하는 데 필요한 주의력 유형.

브로카실어증 Broca's aphasia

표현 능력이 상대적으로 저하되는 실어증 유형. 운동성·표현성·비유창성·전방성 실어증에 해당함.

비가역적 실어증후군 irreversible aphasia syndrome

언어의 모든 양식에서 기능을 거의 상실한 실어증. 전반실어증이 대표적 유형에 해당함.

비구어성 기억 nonverbal memory

구어가 아닌 시각·청각·촉각 자극에 대한 기억 유형.

제2부 신경언어장애

비구어성 청각실인증 nonverbal auditory agnosia

말소리 이외의 환경음을 인지하거나 감별하지 못하는 증상.

비문해 문맹, 순문맹 illiteracy

글을 읽고 쓰지 못하는 상태.

비유언어 figurative language

직설적이지 않은 의미를 내포하는 표현으로 은유 · 직유 · 환유 · 관용구 · 속담 · 유추 · 반어 · 의성어 등이 해당함. 보편적이지만 이미지로만 연상되는 속성에 관한 이질적 개념을 상호 비교하거나 연결함.

비유창성 실어증 운동/표현성 실어증 nonfluent/motor/expressive aphasia

느리고 노력을 요하는 발화, 음절 · 단어 간 부적절한 간격 등 비유창성이 두드러지는 실어증 유형. 주로 언어 우세반구의 앞쪽 손상에 기인한 전뇌반구 실어증이며 브로카실어증 등이 해당함.

비유창변이형 원발성 진행성 실어증 nonfluent variant of primary progressive aphasia(nfvPPA)

쉼이 많고 부자연스러운 짧은 발화 등 비유창성을 주요 특징으로 하는 치매 유형. 원발성 진행성 실어증과 전두측두엽변성의 하위 유형. 전보문 · 음소착어 등이 빈번하나 청각적 이해력과 인지는 비교적 유지됨. '진행비유창실어증(progressive nonfluent aphasia: PNFA)'으로도 칭함.

빈스방거병 Binswanger disease

혈전이나 색전으로 인해 피질하 백질의 다발적 경색이 유발되는 질환. 치매의 원인 질환에 해당함.

사건 관련 전위 평균 유발 전위 event-related potentials(ERP)

동일 자극을 반복적으로 제시한 후 두피에서 전기적 반응을 측정한 뇌파 기록. 각 자극이 유발한 전위의 평균치로 산정함. 뇌 활동의 변화에 대한 시간해상도가 매우 높음.

상동어 판에 박힌 발화 stereotypic utterances

상투적이고 동일한 단어나 어구를 반복하는 발화 형태. 전반실어증 등에서 빈번함.

색전증 embolism

혈관·림프관 내 핏덩어리, 혈관벽 파편, 세균 덩어리, 기타 고형물질 등의 색전이 혈관강 일부나 전부를 막은 상태. 색전성 뇌졸중(뇌색전증)은 실어증 등을 유발함.

서울 단어학습검사 Seoul verbal learning test(SVLT)

12개의 단어를 들려준 후 즉각 및 지연 회상, 재인을 통해 기억력을 평가하는 과제. 서울 신경심리검사(SNSB)의 하위 영역으로 캘리포니아 단어학습검사(CVLT)에 기초함.

서울 신경심리검사 Seoul neuropsychological screening battery(SNSB)

주의력 · 언어 · 시공간 · 기억력 · 전두엽 · 집행기능 등 전반적 인지기능을 평가하는 신경심리검사. 강연욱 · 나덕렬(2003)이 기존에 표준화된 국내외 검사들로 재구성함.

선택주의력 selective attention

방해물이나 여러 자극이 제시된 상황에서 목표 자극에만 주의를 유지하는 능력. 스트룹검사 등으로 평가함.

섬망 delirium

질환 · 약물 · 알코올 등에 의한 뇌의 전반적 기능장애로 병리적 변화에 수반되는 의식 상태의 유형. 과다행동 · 환각 · 초조함 · 떨림이 빈번하고 인지 저하, 급격한 발생, 변이성이 두드러짐.

세포구축학 cytoarchitecture

대뇌피질 내 각 부위의 신경세포 구성과 양식에 관한 학문. 브로드만 영역의 주요 전제가 됨.

손가락실인증 finger agnosia

자신이나 타인의 손가락을 인식하거나 가리키지 못하고 명칭을 말하지 못하는 증상. 우성반구 두정엽의 각이랑이나 그 주변부 손상에 기인함.

손잡이 handedness

한쪽 손 또는 양손을 상대적으로 자주 익숙하게 사용하는 양상. 언어중추의 위치를 간접적으로 반영함(예: 오른손잡이의 언어중추는 주로 좌뇌).

수술 파피루스 에드윈 스미스 파피루스 surgical papyrus

파피루스에 적힌 가장 오래된 의학 문서이자 실어증에 관한 인류 최초의 기록. 48개 사례, 두부 손상, 말·언어장애 등이 포함됨. 기원전 1700년경 Imhotep가 기록한 것으로 추정됨.

순서화 sequencing

상황이나 절차를 이해하고 구어나 행동으로 배열하는 능력. 조직화능력의 하위 유형.

순수 실독증 실서증 없는 실독증 pure alexia

시력은 정상이나 시각 자극의 입력 과정이 원활하지 못해 글을 잘 읽지 못하는 증상. 쓰기는 가능함. 가장 흔한 말초형 실독증의 유형.

순행성 기억상실증 전향적 기억상실증 anterograde amnesia

기억상실 시점 이전의 사건은 기억하나 이후의 새로운 정보를 기억하지 못하는 증상.

숫자외우기 검사 숫자폭검사 digit span test

일련의 숫자를 순서대로 또는 거꾸로 따라 외우는 검사. 작업기억·주의력 등을 평가함.

슈프레히게장 sprechgesang

'이야기하는 노래'를 의미하는 독일어 용어. 실어증 중재법인 멜로디억양치료의 단계 중 리듬·강세를 강조하는 노래조 말(speechsong)에 해당함.

스트룹검사 Stroop test

자극 단어와 색깔의 일치 또는 불일치 조건에서 단어를 읽거나 색깔을
말하는 검사. 선택주의력, 인지 처리 속도, 집행기능, 전두엽 기능 등
을 평가함.

시각동작치료 시각적 행동 치료법 visual action therapy(VAT)

인지 처리 모델에 기초해 비구어적 양식인 동작을 활용한 실어증 중재
법. 언어 이해 · 표현이 매우 저하된 전반실어증 등에 효과적임. Helm-
Estabrooks 등(1982)이 고안함.

시각실인증 visual agnosia

시력은 정상이나 시각 자극을 인식하지 못하는 증상. 통각성 · 연합성
시각실인증이 하위 유형에 해당함.

시각적 분석 단계 visual analysis

읽기 경로에서 글자나 단어를 시각적으로 인식한 후 형태, 음소 위치,
언어의 종류 등을 구별하고 분석하는 단계. 시공간적 표상의 분석 단
계에 해당함.

시각적 입력 어휘집 visual input lexicon

읽기 경로의 시각적 분석 단계를 거쳐 자극이 입력되는 어휘집. 제시
된 자극과 동일한 단어를 탐색한 후 어휘-의미 또는 어휘-비의미 경
로로 진행함.

시공간 기능 visuospatial function

시각 자극 변별, 새로운 자극 분석, 친숙한 자극 재인, 시각 자극 이해
와 관련된 시지각력, 시지각력과 운동 반응이 결합된 시각 구성력을
통칭하는 기능.

시공간 잡기장 visuospatial sketchpad

작업기억 중 시공간 정보의 처리에 관한 체계. 중앙집행기 · 음운고리
와 함께 Baddeley와 Hitch(1974)의 작업기억 모델을 구성하는 하위 체
계 중 하나.

시상실어증 thalamic aphasia

시상 병변으로 인한 실어증 유형. 이름대기장애 · 음성장애 · 착어증 ·
보속증 등을 보이나 따라말하기는 양호함. 청각적 이해력은 환자에 따
라 상이함.

시연 되뇌기 rehearsal

제시된 정보를 계속 반복하는 행위. 단기기억 내 특정 정보가 많이 시
연될수록 장기기억으로 더 쉽게 전환됨.

시지각장애 visuoperceptual impairment

시각 자극을 인지해 의미 있게 재해석하거나 공간 내 사물의 상호관계
를 인지하지 못하는 증상. 시지각적 변별 · 기억 등이 어려우며 우뇌손
상 시 구성적 결함이 두드러짐.

신경과학 neurology

신경계의 발생학 · 해부학 · 생리학 등 기초 의학과 질환 · 치료에 관한
학문.

신경심리학 neuropsychology

뇌 중심의 신경계와 언어 · 인지에 중점을 둔 심리 기능 간의 관계를
규명하는 학문.

신경언어장애 neurogenic/neurologic(al) speech-language disorders
 선천적 또는 후천적 원인으로 신경계가 손상되어 발생하는 의사소통 장애. 광의는 신경 말·언어장애, 인지-의사소통장애를 포괄하는 개념. 협의는 신경말장애와 구별되는 신경학적 언어장애에 국한된 개념.

신경외과학 neurosurgery
 뇌·척수·뇌혈관 등 신경 조직의 연구 및 관련 치료법을 다루는 학문. 신경계의 수술이나 시술에 관한 외과적 치료에 중점을 둠.

신경전도검사 nerve conduction study
 말초신경을 전기적으로 자극해 근육이나 말초신경의 활동전위를 기록하는 전기생리학적 검사. 외부로부터 역치 이상의 자극이 주어지면 신경이 탈분극되어 활동전위가 발생하는 원리에 기반함.

신경퇴행성 질환 퇴행성 신경질환, 신경변성질환 neurodegenerative disease
 신경계의 신경세포가 퇴행하는 질환. 다양한 신경말·언어장애의 원인에 해당함.

신고전주의 neoclassicism
 국소론·연결론을 부활시킨 신경언어장애 이론 중 하나. 1960년대 베르니케-게슈윈 모델 등이 해당함.

신조어 neologism
 사전에 존재하지 않는 비단어로 대체하여 표현하는 착어 유형. 베르니케실어증 등에서 빈번함.

실독실서증 두정-측두엽 실독증 alexia with agraphia
 소리 내거나 마음속으로 읽기 및 쓰기가 불가능한 증상. 각이랑 등의 손상에 기인하며 실어증 등에 동반됨.

실독증 alexia

뇌손상 등 신경학적 원인에 의한 읽기장애. 언어적 · 비언어적 처리 과정의 결함에 따라 중추형 및 말초형 실독증으로 분류됨. 학습장애 측면의 발달성 읽기장애는 '난독증(dyslexia)'으로 구분하기도 함.

실문법증 agrammatism

조사 · 형태소 · 접속사 · 관사 · 전치사 등 문법적 기능어를 생략하는 전보식 구어 양상. 브로카실어증 등에 빈번함.

실산증 acalculia

수에 대한 조작 및 연산 능력이 상실된 증상. 실어증 등에 동반되며 게르스트만 증후군의 주요 증상 중 하나.

실서증 agraphia

뇌손상 등 신경학적 원인에 의한 철자 및 쓰기 장애. 결함을 보이는 단계에 따라 중추형 · 말초형 실서증으로 분류됨. 학습장애 측면의 발달성 쓰기장애는 '난필증(dysgraphia)'으로 구분하기도 함.

실어증 aphasia

후천적 뇌손상으로 인한 언어장애. 능력의 소실이 아니라 말하기 · 듣기 · 읽기 · 쓰기 등 언어 수행의 결함에 해당함. 뇌졸중 등 혈관성 질환 및 다양한 비혈관성 질환에 기인함.

실어증 문장산출 프로그램 sentence production program for aphasia(SPPA)

의문문 · 명령문 등 다양한 문장 유형을 산출하는 데 중점을 둔 실어증 치료법. 심층 구조가 유사하거나 복잡한 문장을 훈련해 일반화를 촉진함.

실어증-신경언어장애 선별검사 screening test for aphasia & neurologic-communication disorders(STAND)

실어증의 유무, 중증도, 유형, 동반 말장애를 평가하는 신경말·언어장애 선별검사. 김향희(2009) 등이 개발함.

실어증학 aphasiology

뇌손상에 기인한 후천성 언어장애인 실어증을 다루는 학문. 19세기 유럽을 중심으로 발전하기 시작해 실어증의 유형·원인·이론·치료법 등을 연구함.

실인증 agnosia

감각은 보존되나 시각·청각 등 특정 감각 자극을 인식하지 못하는 지각장애.

실행실서증 apraxic agraphia

글자 구성을 위한 움직임의 표상과 집행 계획의 결함으로 인한 쓰기장애. 획의 부적절한 중복이나 생략, 읽기 어려운 글씨체 등을 보임. 두정엽·전운동영역·보조운동영역 등의 손상에 기인함.

심상 mental imagery

대상·장면·사건 등이 실제로 발생하지 않아도 지각적 경험과 유사하게 발생하는 마음속 영상.

심층실독증 deep alexia

음운·어휘 경로의 손상에 기인한 중추형 실독증 유형. 비단어의 어휘화, 시각적 오류, 기능어 대치 등을 보임. 실비안종렬 주변, 좌반구 전운동영역, 브로카영역 등의 병변으로 인한 의미적 오류에 해당함.

심층실서증 deep agraphia

음운·어휘 경로의 손상에 기인한 중추형 실서증 유형. 비단어 쓰기 저하, 의미 오류 등을 보임. 광범위한 좌반구 영역의 손상 시 나타남.

아급성기 subacute phase

급성기와 만성기의 중간 단계. 신경학적 질환의 경우 뇌손상 후 수개
월까지의 시기. 뇌가소성으로 인해 자연회복이 지속되는 단계.

안면실인증 얼굴실인증, 안면/얼굴 인식장애 prosopagnosia

얼굴을 인식하지 못하는 시각실인증의 유형. 우반구나 양 반구 후두엽
및 측두엽 손상 등으로 얼굴 특징의 지각과 통합이 어려운 증상. 뇌졸
중·치매 등에 동반됨.

알츠하이머병 Alzheimer's disease(AD)

노인성 치매의 가장 흔한 원인에 해당하는 퇴행성 질환. 노인성반·신
경섬유매듭의 확산, 신경세포 소실로 인한 전반적 뇌 위축 등으로 인
지-의사소통장애를 유발함.

알츠하이머형 치매 알츠하이머(성) 치매 dementia of Alzheimer's type(DAT)

알츠하이머병으로 인한 신경퇴행성 치매의 유형. 전체 치매 발병률의 대다수를 차지함. 초기부터 어휘-의미적 결함을 보이며 인지-의사소통장애 양상이 점차 심화됨.

암송 음송 recitation

특정 정보를 소리 내어 낭송해 장기기억에 저장하는 것.

양전자방출단층촬영 양전자단층촬영술 positron emission tomography(PET)

양전자를 방출하는 방사성 동위원소가 포함된 액체를 사용해 인체의 생리화학적 · 기능적 영상을 3차원으로 확보하는 핵의학 영상법. 치매 · 파킨슨병 등의 진단에 활용됨.

어휘경로 직접경로 lexical route

읽기 · 쓰기 처리 시 어휘집에 이미 저장된 친숙한 자극이 주어질 때 활성화되는 경로.

어휘-비의미경로 lexical-nonsemantic route

입력 자극이 의미 체계를 거치지 않고 직접 음운 · 철자 출력 어휘집으로 이동하는 어휘경로.

어휘실독증 표층실독증 lexical/surface alexia

어휘경로의 결함에 기인한 중추형 실독증 유형. 광범위한 뇌손상으로 음소-자소가 불일치하는 불규칙 단어를 소리 나는 대로 읽는 규칙화 오류(예: 값어치 → 갑서치)를 보임.

어휘실서증 표층실서증 lexical/surface agraphia

어휘경로의 결함에 기인한 중추형 실서증 유형. 좌반구 각이랑, 후측 두-두정소엽 등의 병변으로 불규칙 단어를 쓸 때 음운적 오류(예: 신라 → 실라)를 보임.

어휘-의미경로 lexical-semantic route

입력 자극이 의미 체계를 거쳐 음운 · 철자 출력 어휘집으로 이동하는
어휘경로.

어휘집 lexicon

단어의 발음, 의미, 다른 단어와의 관계 등 단어 관련 정보가 저장된
어휘 저장소. 모국어 단어에 대한 장기기억에 해당함.

어휘화 lexicalization

비단어 읽기 시 시각적으로 유사한 실제 단어로 대체하여 읽는 오류
(예: 니무 → 나무) 유형.

언어심리학 심리언어학 psychology of language, psycholinguistics

언어의 심리학적 측면을 다루는 학문. 언어행동의 구조, 언어 습득 및
의미, 언어와 지각 간 관계, 개별적 언어생활 등을 탐구함.

언어 우세반구 언어 우성반구 language-dominant hemisphere

언어 기능을 담당하는 대뇌반구. 오른손잡이의 대다수는 좌반구가 언
어 우세반구에 해당함. 언어 열성반구와 대별되는 개념.

언어학 linguistics

인류의 언어를 과학적으로 연구하는 학문. 언어의 본질 · 기능 · 변화
등을 다루며 일반언어학 · 개별언어학 등으로 분류됨.

언어학적 모델 linguistic model

음운 · 의미 · 형태 · 구문 측면에 기반한 실어증 치료 모델. 의미자질
분석, 통사자극법, 실어증 문장산출 프로그램 등이 해당함.

에두르기 에둘러 말하기 circumlocution

목표 단어를 말하지 못하고 장황하게 돌려 설명하는 이름대기 오류의
유형. 명칭실어증 등 대부분의 실어증 유형에서 나타남.

에딘버러 손잡이 목록 Edinburgh handedness inventory

글씨 쓰기, 공 던지기, 숟가락 들기, 칼질, 가위질 등에서 사용하는 손을 파악하는 검사. Oldfield(1971)가 개발한 자기 또는 관찰자 보고형 척도.

역행성 기억상실증 후향적 기억상실증 retrograde amnesia

기억상실 시점 이전의 기억을 상실한 증상.

연결론 connectionism

뇌 영역의 특정 기능이 상호 연결된다고 전제하는 실어증학 이론. 베르니케-리히타임 실어증 도식 등이 해당함.

연결피질감각실어증 초피질감각실어증, 후방 고립증후군 transcortical sensory aphasia

베르니케실어증과 유사하나 따라말하기가 상대적으로 유지되는 실어증 유형. 반향어증·허구어 등의 오류를 보임. 언어 우세반구 내 두정엽 등의 손상에 기인함.

연결피질운동실어증 초피질운동실어증 transcortical motor aphasia

브로카실어증과 유사하나 따라말하기가 상대적으로 유지되는 실어증 유형. 언어 우세반구 내 전두엽 등의 손상으로 비유창한 발화를 산출함.

연합성 시각실인증 associative visual agnosia

시각 자극에 대해 설명하기, 베껴 그리기, 짝 맞추기 등은 가능하나 자극이 무엇인지를 인식하지 못하는 시각실인증의 유형.

연합성 실인증 associative agnosia

주어진 자극을 저장된 지식·의미와 연결하지 못하는 증상. 좌반구 측두-후두엽 등의 손상에 기인함.

열공성 뇌경색 lacunar infarction

압력 상승으로 인해 소동맥 혈관벽이 매우 두꺼워져 혈관이 좁아지거나 손상되는 현상. 실어증 등을 유발하는 혈관성 원인 질환에 해당함.

완곡 반향어증 mitigated echolalia

목표 자극을 구문적·의미적으로 수정해 반복하는 반향어증의 하위 유형.

외상성 뇌손상 traumatic brain injury(TBI)

머리에 가해진 외부 충격으로 육안적 뇌 구조는 변화하지 않으나 신경 세포 기능 이상에 의해 일시적으로 뇌 기능이 감소 또는 소실되는 상태. 인지-의사소통장애 등을 유발함.

외상후 기억상실 기간 posttraumatic amnesia(PTA) duration

외상성 뇌손상 직후 혼동 상태가 지속되는 시간. 의식소실 기간과 함께 중증도·예후에 대한 간접적 표지로 작용함.

외상후 스트레스장애 post traumatic stress disorder(PTSD)

신체 손상이나 극심한 정신적 외상 이후 발생하는 정신장애.

외현기억 서술기억 explicit/declarative memory

의식적으로 회상하거나 인지할 수 있는 기억 유형. 장기기억의 일종으로 의미기억·일화기억 등으로 분류됨.

우뇌손상 right-hemisphere damage(RHD)

주로 비언어 기능을 관장하는 우반구가 손상된 상태. 인지-의사소통장애 등을 유발함.

우울증 우울장애 depression

의욕 저하, 우울감 등 다양한 정신적·신체적 증상으로 인해 일상 기능이 저하되는 질환. 치매 등 다양한 질환에 동반될 수 있음.

원발성 진행성 실어증 원발진행실어증 primary progressive aphasia(PPA)

신경퇴행 질환으로 인해 서서히 진행되는 퇴행성 언어장애. 초기에 인지 기능이 비교적 유지되나 언어 손상이 두드러짐. 3개 변이형으로 비유창변이형 원발성 진행성 실어증, 의미치매, 발화부족형 진행성 실어증이 있음.

웨스턴 실어증 검사 western aphasia battery(WAB)

실어증의 유무 · 중증도 · 유형 · 예후 등을 평가하는 실어증 진단도구. Kertesz가 개발한 초판(1979, 1982)과 개정판(2006)이 있으며 실어증 지수(AQ)에 근거해 유형을 분류함.

웩슬러 기억검사 Wechsler memory scale(WMS)

성인의 다양한 기억 기능을 평가하는 진단도구. 논리 기억, 단어 연합, 시각 재생, 기호 폭 등 7개 하위검사로 구성됨. Wechsler(1945)가 개발했으며 국내에서도 표준화됨.

웩슬러 성인지능검사 Wechsler adult intelligence scale(WAIS)

지능의 언어 및 비언어 측면을 평가하는 검사. 언어(언어이해/작업기억), 수행(지각 조직화/처리 속도) 등의 하위검사로 구성됨. Wechsler(1939)가 개발했으며 국내에서도 표준화됨.

위스콘신 카드분류검사 Wisconsin card sorting test(WCST)

후천성 뇌손상, 신경퇴행성 환자의 신경심리 기능에 대한 검사도구. 색깔 · 형태 · 개수 등에 따라 자극 카드를 분류해 다양한 전두엽 기능, 추론력, 인지적 유연성 등을 평가함. Grant와 Berg(1981)가 개발함.

유발전위검사 유발반응검사 evoked potential test

신체 내 감각기관에 일정한 자극을 가해 미세한 전기적 반응을 측정·분석함으로써 시각·청각·촉각·후각 등과 관련된 중추신경계 이상을 간접적으로 평가함. 사건 관련 전위를 유발하는 자극에 따라 시각·청각·체성감각 유발반응 등으로 분류함.

유창성 실어증 감각/수용성 실어증 fluent/sensory/receptive aphasia

발화에 적은 노력을 요하고 말속도·억양·강세 등이 비교적 양호한 실어증 유형. 주로 언어 우세반구의 뒤쪽 손상에 기인한 후뇌반구 실어증이며 청각적 이해력의 저하가 두드러짐. 베르니케실어증 등이 해당함.

음소 phoneme

특정 언어에서 의미를 구별하는 말소리의 최소 단위.

음소착어 문자착어 phonemic/phonological/literal paraphasia

목표 단어의 일부 음소를 다른 음소로 대치하는 착어 유형. 베르니케실어증·명칭실어증 등에서 빈번함.

음운경로 간접경로 phonological route

자극의 시각적 분석 후 자소-음소 대응의 전환이 발생하는 경로. 자소-음소 대응이 규칙적인 단어 읽기에 적용됨.

음운고리 음운루프 phonological loop

음운 입력 정보의 임시 저장 체계. 중앙집행기, 시공간 잡기장과 함께 Baddeley와 Hitch(1974)의 작업기억 모델을 구성하는 하위 체계 중 하나.

음운실독증 phonological alexia

음운경로의 결함에 기인한 중추형 실독증 유형. 비단어의 어휘화 오류
(예: 장호 → 장화)를 보이며 중증도가 비교적 경미함. 우성반구의 실비
안종렬 주위, 상부 측두엽, 모서리위이랑, 각이랑 등의 병변에 기인함.

음운실서증 phonological agraphia

음운경로의 결함에 기인한 중추형 실서증 유형. 비단어의 어휘화 오류
를 보임. 좌반구 모서리위이랑, 뇌섬 등의 병변에 기인함.

음운적 출력 어휘집 phonological output lexicon

읽기 · 쓰기의 어휘경로 중 시각적 · 청각적 분석 후 음운 처리 단계로
이행하기 위해 출력이 발생하는 어휘집.

응집성 결속성 cohesion

담화 · 텍스트 내에서 의미를 부여하는 문법적 · 어휘적 관계. 일관성
보다 포괄적인 개념으로 대명사 · 접속사 · 반복 등 결속표지를 통해
측정됨.

의미기억 semantic memory

개념적 · 일반적 지식에 관련된 외현기억의 유형.

의미실서증 semantic agraphia

동음이자(예: 갔다-같다)를 듣고 받아쓰지 못하는 중추형 실서증의 유
형. 자소산출 어휘집으로 연결되는 의미 체계가 기능하지 못해 발생
함. 좌반구 실비안종렬 주위 등의 손상에 기인함.

의미 점화 semantic priming

이전 자극이 나중에 나오는 자극에 미치는 영향. 의미에 기초한 두 자
극 간의 상관성에 기초해 발생함.

의미착어 구어착어 semantic/verbal paraphasia

목표 단어와 의미적으로 연관된 단어로 대치하는 착어 유형. 베르니케 실어증·명칭실어증 등에서 빈번함.

의미치매 semantic dementia(SD)

사물에 대한 개념·의미를 점진적으로 소실하는 퇴행성 질환. 측두엽 병변이 두드러져 적절한 단어를 산출하지 못하고 허구어가 빈번함. 전두측두엽변성의 하위 유형으로 '의미변이형 원발성 진행성 실어증(semantic variant primary progressive aphasia: svPPA)'으로도 칭함.

의사소통 관련 삶의 질 quality of communication life

의사소통장애가 의사소통 파트너와의 상호작용, 일상·사회 생활에의 참여 등 개인의 삶에 미치는 영향. 실어증, 마비말장애, 인지-의사소통장애 등이 삶의 질적 측면에 미치는 개인적·심리사회적 영향을 의미함.

의식소실 기간 loss of consciousness(LOC) duration

외상성 뇌손상 직후 의식이 소실된 상태가 지속된 시간. 외상후 기억상실 기간과 함께 중증도·예후 등의 간접적 표지로 작용함.

의식장애 altered consciousness

신경학적 원인에 의한 의식의 급성 변화 상태. 명료·기면·둔감·혼미·혼수로 분류됨. 기타 상태로서 섬망, 지속적 식물인간 상태, 감금증후군, 무동무언증, 뇌사 등이 있음.

이름대기 naming

사물이나 동작의 이름을 말하는 어휘-의미적 언어 능력. 대면이름대기, 통제단어연상, 문장 완성 및 응답 등의 과제로 평가함. 노화, 실어증, 인지-의사소통장애 등의 영향으로 결함을 보이는 주요 언어 영역.

이름대기장애 명칭실증 anomia

이름대기 능력이 떨어지는 증상. 모든 유형의 실어증에서 나타나는 언어 증상 중 하나.

이서장애 allographic disorder

글자 외형에 대한 표상이 손상되어 나타나는 말초형 실서증 유형. 대문자-소문자, 글씨체 등의 오류를 보임. 좌반구 두정-후두엽 등의 병변에 기인함.

인간면역결핍 바이러스 사람면역결핍 바이러스 human immunodeficiency virus(HIV)

후천성 면역결핍 증후군을 유발하는 바이러스. 면역 기능의 저하로 결핵, 곰팡이 폐렴, 종양 등을 유발함.

인지보존 능력 cognitive reserve

보완적 뇌 연결망을 통해 인지 수행을 최적화 또는 극대화시키는 능력. 노화, 신경학적 손상 등에 의한 인지적 변화에 효율적으로 대처하는 능력. 교육 · 직업 등의 경험적 요인, 뇌 보존력 등이 해당함.

인지심리학 cognitive psychology

인간의 여러 고차원적 정신 과정을 다루는 과학적 · 기초적 심리학의 한 분야. 인공지능 · 언어학과 함께 최근 인지과학의 주요 분야를 이룸.

인지-의사소통장애 cognitive-communication disorders(CCD)

신경학적 손상으로 인해 인지장애를 동반하는 의사소통장애. 뇌성마비 등 선천성 원인과 진행성(치매 등) 및 비진행성(외상성 뇌손상 등), 기타 비진행성(외상후 스트레스장애 등) 등 후천성 원인 질환으로 분류됨. 인지적 문제로 듣기 · 말하기 · 읽기 · 쓰기 · 대화 등 의사소통의 결함을 보임.

인지-의사소통장애 간편검사 brief test of cognitive-communication disorders (BCCD)

인지 및 의사소통 능력을 평가하는 후천성 인지-의사소통장애 선별검사. 주의력, 기억력, 고차원 인지 등의 인지 영역과 이해, 표현, 읽기 및 쓰기, 화용언어 등의 의사소통 영역으로 구성됨. 이미숙 등(2021 출판 중)이 개발함.

인출 retrieval

장기기억에서 정보를 찾거나 작업기억으로 전달하는 과정. 회상과 재인이 해당함.

일과성 허혈발작 transient ischemic attacks(TIA)

일시적 뇌혈류 부전으로 허혈성 뇌졸중이 발생한 후 24시간 내에 증상이 완전히 없어지는 경우. 뇌경색의 전조 증상일 수 있음.

일화기억 episodic memory

과거에 발생한 구체적 사건과 관련된 장기기억 유형. 공간적·시간적 맥락적 정보를 포함함. 의미기억과 함께 외현기억의 하위 유형으로 분류됨.

임상치매 평가척도 clinical dementia rating(CDR)

기억력·지남력·판단력·문제해결력 등에 대해 중증도를 0, 0.5, 1, 2, 3으로 등급화하는 치매 평가척도. Hughes 등(1982)이 개발해 전 세계적으로 널리 활용됨.

임시 완충기 episodic buffer

인지 처리의 하위 체계와 장기기억 정보를 단일한 일화적 표상으로 묶는 작업기억 체계. Baddeley(2000)가 중앙집행기, 시공간 잡기장, 음운 고리로 구성된 작업기억 모델에 추가한 하위 체계.

자가수정 self-correction

자신의 발화에 대한 피드백을 통해 스스로 수정하는 양상. 전도실어증 등에서 빈번함.

자곤 jargon

알아들을 수 없는 웅얼거리는 듯한 발화 유형. 베르니케실어증 등에서 빈번함. 증상이 두드러지면 자곤실어증·자곤실서증 등으로 분류되기도 함.

자극-촉진 모델 stimulation-facilitation model

자극을 통해 언어 처리를 활성화하는 데 중점을 둔 실어증 치료 모델. Shuell(1964)의 자극 접근법에 근거해 실어증을 언어 체계의 효율성이 저하된 증상으로 간주함.

자기공명영상 magnetic resonance imaging(MRI)

　강한 자기장 내에서 인체에 고주파를 전사해 반향되는 전자기파를 영상화하는 기술. 뇌신경계·척추·골관절·근육 등의 질환을 확인하는 데 유용함.

자기공명혈관조영술 magnetic resonance angiography(MRA)

　자기공명영상을 이용해 혈관이 잘 보이는 영상을 얻는 기술. 뇌혈관의 이상을 확인하는 데 유용함.

자동발화 자동말 automatic speech

　이미 학습되어 별도의 노력 없이 산출할 수 있는 발화 유형. 숫자 세기, 요일 말하기 등으로 유도함.

자소 문자소 grapheme

　의미를 나타내는 문자의 최소 단위.

자소-완충기 graphemic buffer

　쓰기 처리 모델 중 철자집에서 나온 단어를 임시로 저장하는 단계. 이후 이서, 계획·프로그래밍, 운동 집행 단계로 연결됨.

자소-음소 전환 grapheme-phoneme conversion

　읽기 처리 모델의 음운경로 중 시각적 분석 후 자소에서 음소로 전환하는 단계. 이후 음운 체계를 거쳐 읽기를 수행함.

자연회복 spontaneous recovery

　뇌손상 후 일정 기간 동안 뇌 기능이 자연적으로 회복되는 상태. 급성기의 부종, 뇌압 저하, 산소 공급 및 혈액 순환 활성화, 아급성기의 뇌 가소성에 의한 회복 등이 해당함.

자원 할당 resource allocation

정신 작용을 실행하기 위한 뇌의 처리 용량이 제한적인 데 기반해 과
제별로 요구되는 자원을 미리 배분하는 것. 요구량이 처리 용량을 초
과하면 과제 수행이 어려움.

자유연상검사 free association test

제시된 자극에 대해 떠오르는 것을 표현하도록 하는 검사. 내용 · 의미
관계 · 빈도 · 반응시간 · 언어 등의 지표로 활용됨.

자유회상 free recall

제시된 목록에 대해 순서에 상관없이 회상하는 기억학습 방법. 마지막
항목의 일부는 단기기억, 나머지 항목은 장기기억에 기초함.

작업기억 working memory

정보를 일시적으로 보유하고 인지 과정의 계획 · 순서화 · 실행에 관여
하는 단기적 기억. 용량과 지속시간이 제한적임.

작화증 confabulation

공상을 실제처럼 말하고 허위임을 인식하지 못하는 신경학적 증상. 전
두엽 병변, 심한 알코올중독 등에 기인함. 알츠하이머형 치매 등에서
담화 측면의 장애로서 나타날 수 있음.

잔여실어증 residual aphasia

특정 유형의 실어증이 대부분 회복되어 경도에서 중등도의 이름대기
장애만 지속되는 실어증 유형. 주로 경미한 수준의 명칭실어증으로 분
류됨.

장기기억 이차기억 long-term memory(LTM), secondary memory

용량 제한이 없고 정보가 장기간 보존되는 기억 유형. 부호화·응고
화·저장·인출의 4단계에 걸쳐 저장됨. 외현기억과 내현기억으로 분
류됨.

재인 recognition

현재의 자극·정보 등이 이전의 학습이나 입력을 통한 저장 내용과 동
일함을 기억하는 인지 활동. 기억력검사 과제로 활용됨.

전도실어증 conduction aphasia

언어 표현 및 이해에 비해 따라말하기 능력이 뚜렷이 저하되는 실어증
유형. 자가수정·음소착어 등이 빈번함. 활모양섬유다발·뇌섬 등의
손상에 기인함.

전두측두엽변성 frontotemporal lobar degeneration(FTLD)

전두엽·측두엽 병변으로 인해 주로 행동·성격 변화를 보이는 신경
퇴행성 치매 유형. 하위 유형으로 전두측두치매, 의미치매, 비유창변
이형 원발성 진행성 실어증(진행비유창실어증)이 있음.

전두측두치매 전두측두엽치매 frontotemporal dementia(FTD)

전두엽·측두엽의 위축으로 인한 전형적 행동장애. 전두측두엽변성의
하위 유형 중 하나. 충동성, 사회적 위축 등 행동 변화, 유창성·이름
대기·운율 저하 등을 보임.

전반실어증 전실어증 global aphasia

청각적 이해, 표현, 따라말하기, 이름대기 등 전반적 언어 수행의 결함
을 보이는 실어증 유형. 우성반구 뇌 영역의 광범위한 손상으로 인해
중증도가 심함.

전보식 구어 전보(체) 구어 telegraphic speech

조사 · 문법형태소 등 기능어가 드물고 명사 · 동사 등 내용어 중심으로 발화하는 구어 형태. 브로카실어증 등에서 빈번함.

절차기억 procedural memory

행위 · 기술 · 조작에 관한 기억 유형. 수행은 가능하나 외현적으로 표현하지 못함. 장기기억 중 내현기억에 해당함.

정보처리 모델 인지적 처리 모델 information processing model

인지 처리 과정에서 손상된 단계를 확인하고 이를 기반으로 중재하는 실어증 치료 모델. 언어 수행의 근간이 되는 인지 기능을 우선적으로 치료해 언어 능력을 향상시키는 접근법. 시각동작치료 등이 해당함.

정향 지향성 orienting

주의력이 특정 자극으로 향하는 것.

조영제 contrast medium

영상검사나 시술 시 특정 조직 · 혈관이 잘 보이도록 인체에 투여하는 약물. 컴퓨터단층촬영용 요오드화 · 바륨(barium) 조영제, 자기공명영상용 가돌리늄(gadolinium) 조영제 등이 해당함.

조직화능력 organization, organizational cognition

지각의 단위를 집단으로 묶는 것과 관련된 인지 처리 능력. 과제 분석, 자료 · 공간 배열, 단계별 순서화, 핵심 내용 이해, 이야기 조직화, 주제 유지, 정보의 자발적 통합 및 목록화에 관여함.

주관적 기억호소 주관적 기억장애 subjective memory complaints(SMC), subjective memory impairment(SMI)

객관적 평가상 정상 범주이나 기억력 저하를 주관적으로 호소하는 증상.

주관적 언어호소 subjective language complaints(SLC)

객관적 평가상 정상 범주임에도 언어 능력의 저하나 변화를 의식하는 증상. 주관적 인지호소의 주요 예측인자로 언어 능력에 대한 만족도를 반영함.

주관적 인지호소 주관적 인지 저하 subjective cognitive complaints(SCC)

객관적 평가상 정상 범주임에도 인지 능력의 저하나 변화를 의식하는 증상. 인지장애의 초기 징후로 경도인지장애 · 치매의 전조 증상일 수 있음.

주의력 attention

상황과 무관한 내 · 외적 자극에 산만해지지 않고 목표 자극에 의식을 기울이는 능력. 지속 · 선택 · 교대 · 분리 주의력 등의 하위 유형으로 분류됨.

주의력장애 attentional impairment

주의의 초점화 · 유지 · 이동 등 주의력 처리 과정의 결함을 보이는 인지장애. 뇌손상으로 인한 보편적 증상 중 하나.

주의실독증 주의력 실독증 attentional alexia

긴 자극이 제시될 경우 시각적 주의력의 결함으로 읽기 오류를 보이는 말초형 실독증 유형. 자소 위치 오류(예: 인수 → 신우), 단어 내 낱글자 읽기 오류 등을 보임. 좌반구 전두-두정엽 등의 손상에 기인함.

중앙 집행기 central executive processor

인지 처리 조작의 선택 · 시작 · 종결, 작업기억 하위 체계 간의 정보 교환 등에 관여하는 체계. 구어 · 문어 이해, 암산, 추론에 크게 관여함. 시공간 잡기장, 음운고리와 함께 Baddeley와 Hitch(1974)의 작업기억 모델을 구성하는 하위 체계 중 하나.

중추형 실독증 central alexia

시각적 단어 형태와 의미를 연결하는 언어 처리 과정이 손상되어 나타
나는 실독증 유형. 심층·음운·어휘 실독증 등으로 분류됨.

중추형 실서증 central agraphia

철자 체계 및 관련 인지 처리 과정의 결함에 기인한 실서증 유형. 심
층·음운·어휘·의미·보속 실서증, 자소-완충기 장애 등으로 분
류됨.

즉각기억 immediate memory

제시된 정보를 즉각적으로 회상하는 기억의 유형 또는 단계.

즉각회상 immediate recall

주어진 정보를 곧바로 인출하는 것. 즉각기억에 기반함.

지남력 orientation

시간·장소·사람·상황·환경 등에 대한 인식 능력. 주로 시간 지남
력이 먼저 손상되고 사람 지남력이 상대적으로 장기간 유지됨.

지속주의력 sustained attention

일정시간 동안 주의를 유지하는 능력. 문자소거 과제 등으로 평가함.

지연기억 delayed memory

주어진 정보를 몇 분이나 몇 시간 후까지 보유하는 기억 유형.

지연회상 delayed recall

정보가 제시되고 나서 일정시간이 지난 후 인출하는 것.

지주막하 출혈 거미막하 출혈 subarachnoid hemorrhage(SAH)

뇌의 지주막하 공간에 뇌출혈이 일어난 상태. 뇌동맥류 파열, 뇌혈관
기형, 뇌 외상 등에 기인함. 실어증 등의 혈관성 원인 질환에 해당함.

진행(성) 핵상마비 progressive supranuclear palsy(PSP)

안구운동장애, 목·몸통의 경직 및 마비, 보행장애 등을 보이는 신경
퇴행성 질환. 뇌간·기저핵 신경세포의 손실 및 기형, 신경교세포의
증식으로 치매 등을 유발함.

질병인식불능증 질병불각증 anosognosia

자신의 질병·증상에 무관심하거나 인식하지 못하는 실인증 유형. 우
반구 두정엽 등의 손상에 기인함.

집중력 concentration

특정 목표 자극에 몰입하는 정도.

집행기능 실행기능 executive function

정보의 계획·조작, 활동의 시작·완성, 오류 인식, 행동의 모니터·
수정 등을 행하는 인지 처리 과정. 주의력·기억력·추론력·문제해
결력 등 여러 인지 기능을 통합해 일상생활 전반에 관여함. 주로 전두
엽이 담당함.

착각 illusion

실재하지 않는 형상을 마치 실재하는 것처럼 지각하는 현상. 시각적 착각인 '착시'가 해당됨. 신경학적 질환 등 다양한 병리적 변화에 수반 되는 의식 상태의 유형 중 하나.

착서 paragraphia

단어·음소를 다른 것으로 대치 또는 치환해 쓰는 오류. 실어증 등에 동반됨.

착어 paraphasia

단어·음소를 다른 것으로 대치 또는 치환하는 말 오류. 실어증 등에 서 빈번하며 음소착어·의미착어 등이 해당함.

철자집 내부 철자집 graphemic lexicon

철자 관련 정보가 저장된 장기기억 저장소.

청각실인증 auditory agnosia

청력이 정상임에도 소리의 의미를 파악하지 못하는 실인증 유형. 구어성 · 비구어성 · 전반성 청각실인증으로 분류됨.

청각적 이해 모델 auditory comprehension model

청각적 이해력 향상에 중점을 둔 실어증 치료법. 상향식 · 하향식 모델, 텍스트 · 지식 중심 처리 등에 기반함. Shuell 등(1954)이 주창함.

초두효과 primacy effect

자극 앞부분에 제시된 항목의 기억 흔적이 강해 상대적으로 잘 인출되는 경향. 앞부분의 정보는 순행 · 역행 간섭의 영향을 덜 받는다는 간섭 이론에 근거함. 친숙하거나 사전지식 · 흥미가 있는 정보일 때 영향력이 더 증가함.

초로치매 초로성/노년전 치매 presenile dementia

65세 이전의 초로기에 갑자기 기억 · 이해 · 판단 등이 저하되는 치매 유형.

초점주의력 focused attention

자극이 발생한 쪽으로 주의가 향하는 기초적 인지 반응. 정향과 동일한 의미로 간주되기도 함.

촉각실인증 tactile agnosia, astereognosis

촉각을 정상적으로 지각하나 촉각을 통해 물건을 인식하지 못하는 실인증 유형. 우반구 두정연합영역, 뇌량, 양 반구 두정엽 등의 손상에 기인함.

최신효과 신근성/막바지 효과 recency effect

가장 나중에 제시된 정보가 가장 잘 기억되는 경향. 일정시간 경과 후 다시 제시되면 영향력이 더 증가함.

추론력 reasoning

증거 기반적 사고, 추측, 관계 이해, 결론 유추, 논리적 분석 등에 관여
하는 인지 능력. 구어 · 산술 · 시공간 추론 등으로 분류됨. 미로 찾기,
동의어 · 반의어 말하기 등으로 평가함.

출혈성 뇌졸중 hemorrhagic stroke

뇌내출혈, 지주막하 출혈, 동맥류, 동정맥 기형 등 출혈에 기인한 혈관
성 뇌졸중. 실어증 등의 혈관성 원인 질환에 해당함.

치매 dementia

여러 원인에 의한 뇌손상으로 인지적 결함이 발생해 이전의 일상생활
을 유지할 수 없는 상태. 하나의 질환이 아닌 여러 증상들의 총체. 지
능 · 학습 · 언어 등 복합적 인지-의사소통장애를 보임.

컴퓨터단층촬영 computed tomography(CT)

X선이나 초음파를 인체에 투영한 후 내부 횡단면을 컴퓨터로 재구성해 영상화한 검사법. 뇌종양·뇌출혈 등의 진단에 유용함. 방사선 노출, 낮은 해상도 등이 단점으로 작용함.

코르시 블록-태핑 검사 Corsi block-tapping test

시지각 단기기억과 작업기억을 평가하는 비구어성 기억검사. 제시되는 블록의 순서에 따라 그대로 재현하도록 유도함. Corsi(1972)가 고안함.

크로이츠펠트-야콥병 Creutzfeldt-Jakob disease(CJD)

진행성 치매, 운동실조, 근경련 등 신경학적 징후를 보이는 감염병. 프라이온 감염 등으로 지능·행동·감정의 변화가 빠르게 진행함.

탈문법증 착문법증 paragrammatism

조사·형태소·접속사·관사·전치사 등 문법적 기능어를 부적절하
거나 과다하게 사용하는 언어 증상. 베르니케실어증 등에서 빈번함.

통각성 시각실인증 apperceptive visual agnosia

자극의 유무는 인식하나 색깔·모양을 감별하지 못하는 시각실인증
유형. 자극을 잘 설명하지 못하고 시각적 명명 오류(예: 보름달 → 얼굴)
를 보임.

통사 자극법 syntax stimulation

통사적 측면에 기반해 문장 산출을 촉진하는 실어증 치료법. 언어학적
모델에 근거함. 비유창성 실어증에 주로 적용함. HELPSS(Helm elicited
language program for syntax stimulation)가 해당함.

통일성 일관성 coherence

주제를 개시·계획·유지하는 화자의 능력을 표상하는 표현언어의 속성. 발화의 의미·내용과 담화 전체 주제 간의 관계를 반영함. 보편적 세상 지식에 관한 추정·함축, 지시적·논리적 구문 구조 등을 통해 담화·텍스트를 의미 있게 만드는 표지.

파라다이스 한국판 웨스턴 실어증검사 개정판 paradise Korea-western aphasia battery-revised(PK-WAB-R)

WAB을 국내에서 표준화한 실어증 진단도구로 K-WAB의 개정판(김향희, 나덕렬, 2012). 스스로 말하기, 알아듣기, 따라말하기, 이름대기 등을 통해 실어증의 유형 및 중증도를 평가함.

폐색 occlusion

뇌혈관이 막히면서 뇌세포에 혈류가 전달되지 못하는 현상. 허혈로 인한 뇌경색을 유발함.

폐쇄성 두부 손상 비관통 뇌손상 closed head injury(CHI)

두개골 골절이 없는 외상성 뇌손상의 유형 중 하나. 화학적 손상에 의해 뇌내출혈, 뇌신경 손상 등을 유발함. 가속 · 비가속 손상으로 분류됨.

포치 의사소통검사 Porch index of communicative ability(PICA)

구어 · 제스처 · 그래픽 등 3개 영역과 18개 하위검사를 통해 실어증 유형을 분류하는 진단도구. Porch(1967, 1971)가 개발함. 구어 · 읽기 · 쓰기 등을 다중점수 체계로 평가함.

표상 representation

감각적이고 구체적인 의식의 내용. 사고에 의한 논리적 · 추상적 개념과 구별되는 심상. 시각 · 청각 등 지각을 통한 지각 표상, 과거에 지각된 대상을 기억에서 불러내는 기억 표상 등이 해당함.

프라이온병 prion disease

'프라이온'이라는 단백질의 이상 증식으로 뇌가 스펀지처럼 변화되는 질환. 광우병, 크로이츠펠트-야콥병 등을 통칭하며 감염성 · 유전성 · 특발성 등으로 분류됨. 알츠하이머병과 유사한 증상을 보임.

프렌차이 실어증 선별검사 Frenchay aphasia screening test(FAST)

이해 · 표현 · 읽기 · 쓰기 영역을 평가해 실어증 유무를 진단하는 선별검사. Enderby 등(1987, 2006)이 개발함.

피질치매 피질성 치매 cortical dementia

대뇌피질의 변화에 기인한 치매 유형. 초기부터 인지 · 언어 문제를 보임. 알츠하이머병, 픽병, 원발성 진행성 실어증 등에 의해 유발됨.

피질하 실어증 subcortical aphasia

기저핵 · 시상 등 피질하 영역이 손상되어 발생하는 실어증 유형. 유창성 실어증의 경계 범주에 해당함.

피질하치매 피질하성 치매 subcortical dementia

기저핵·시상·뇌간 등 피질하 영역의 질환에 기인한 치매 유형. 초기에 운동장애가 두드러지며 후기까지 다른 증상은 드러나지 않음. 파킨슨병, 헌팅턴병, 진행 핵상마비 등에 의해 유발됨.

픽병 Pick's disease

뇌 신경세포의 진행성 파괴가 나타나는 신경퇴행성 질환. 전두엽 치매의 가장 흔한 원인에 해당함. 기억력·지남력 등은 대체로 보존되나 초기부터 언어 결함을 보여 후기로 갈수록 심화됨.

한국 실어증 감별진단검사 Korean test for the differential diagnosis of aphasia(KTDDA)

듣기 · 읽기 · 말하기 등을 평가하는 종합적 실어증 진단도구. 미네소 타 실어증 감별진단검사(MTDDA)에 기반해 박혜숙(2006)이 국내에서 표준화함.

한국판 보스턴 이름대기검사 Korean version-Boston naming test(K-BNT)

보스턴 이름대기검사(BNT)의 일부 문항을 국내 대상군에 적합한 문항 으로 대체한 이름대기 심화검사. 김향희, 나덕렬(1997)이 표준화함.

한국판 프렌차이 실어증 선별검사 Korean version of Frenchay aphasia screening test(K-FAST)

이해 · 표현 · 읽기 · 쓰기의 4개 영역을 평가하는 실어증 선별검사. 편 성범 등(2008)이 프렌차이 실어증 선별검사(FAST)를 국내에서 표준 화함.

해리 증후군 disconnection syndrome

언어 기능을 담당하는 뇌반구가 비언어 기능을 담당하는 다른 반구와 고립된 상태에서 나타나는 증상. 실어증과 관련된 비언어적 장애로 완전/부분 뇌량 해리 증후군 등이 해당함.

행동수정 모델 behavior modification model

실어증으로 인해 손상된 언어학적 지식을 재학습하는 데 중점을 둔 실어증 치료 모델. 강화, 조작적 조건화, 형성법(shaping) 등을 활용한 구조화된 학습에 기반함.

허구어 빈구어, 무의미 발화 empty speech

장황하지만 대부분 무의미어에 해당하는 발화 양상. 베르니케실어증 등에서 빈번함.

허혈성 뇌졸중 폐색성 뇌졸중 ischemic/obstructive stroke

뇌혈관의 협착 · 폐색으로 뇌혈류가 감소되어 뇌 신경세포가 기능하지 못하는 혈관성 뇌졸중. 혈전증 · 색전증 등에 기인하며 실어증 등의 혈관성 원인 질환에 해당함.

혈관성 치매 vascular dementia(VD)

뇌혈관 질환에 기인한 치매 유형. 알츠하이머형 치매와 함께 치매의 주요 유형에 해당함. 갑자기 발생하거나 급격히 상태가 악화됨. 초기부터 편측마비 · 마비말장애 · 안면마비 · 보행장애 등을 동반함.

혈전증 thrombosis

혈관 속에서 피가 굳어진 덩어리인 혈전으로 인해 발생하는 질환. 혈전성 뇌졸중(뇌혈전증)은 실어증 등을 유발함.

혈종 hematoma

장기 · 조직 속에 발생한 출혈로 한곳에 혈액이 괸 상태. 뇌출혈로 인해 혈종이 뇌 공간을 차지하면 뇌변위가 일어나 실어증 등을 유발함.

협착 stenosis

혈관이 좁아지면서 혈류량이 감소하는 현상. 뇌혈관에 발생하면 허혈로 인해 뇌경색을 유발함.

형식착어 타단어화 음소착어 formal paraphasia

음소착어 시 의미 있는 다른 단어로 대체하는 오류(예: 주방 → 추방).

혼동 confusion

의식 수준이 정상이거나 약간 저하되고 지남력이 손상된 상태. 신경학적 질환 등 다양한 병리적 변화에 수반되는 의식 상태 유형 중 하나. 뇌졸중 직후 동반될 수 있음.

혼미 stupor

약간의 의식만 있는 의식장애 상태. 운동 능력을 상실하고 외부 자극에 거의 반응하지 않음. 신경학적 질환 등 다양한 병리적 변화에 수반되는 의식 상태 유형 중 하나.

혼수 coma

의식 수준이 정상이 아닌 상태. 각성(깨어있는 상태)과 인식(환경 · 자신에 대한 인지)이 유지되지 않음. 신경학적 질환 등 다양한 병리적 변화에 수반되는 의식 상태 유형 중 하나. 뇌 전체에 영향을 주는 광범위한 병적 변화, 뇌종양 · 뇌부종에 의한 뇌간 압박 등으로 인해 발생함.

혼합연결피질실어증 혼합초피질실어증, 고립증후군　mixed transcortical aphasia, isolation aphasia

언어 이해 · 표현이 전반적으로 손상되나 따라말하기는 비교적 유지되는 실어증 유형. 반향어증을 동반할 수 있음. 내경동맥 협착, 다발성 색전증 등에 기인함.

혼합치매 mixed dementia

치매의 주요 원인인 알츠하이머병과 혈관성 치매가 공존하는 치매 유형. 치매 환자의 20% 이상에서 보고됨.

환각 hallucination

눈 · 귀 · 코 · 피부 등에 지각되는 실체적 대상이 존재하지 않는 심적 현상. 신경학적 질환 등 다양한 병리적 변화에 수반되는 의식 상태 유형 중 하나. 환시 · 환청 · 환후 · 환미 · 환촉 · 체감환각 등으로 분류됨.

환기 alerting, alertness

기민한 상태. 주의력 체계의 일부로 준비 단계에 해당함.

회상 recall

단서 없이 기억에 저장된 정보를 생각해 내는 것. 즉각회상 · 지연회상 등이 해당함.

후천성 면역결핍 증후군 acquired immune deficiency syndrome(AIDS)

인간면역결핍 바이러스로 인해 외부 이물질의 침입에 대항하는 체내 항체생산 기능이 손상되는 감염병. 실어증 · 화용언어장애 등을 유발하는 감염성 원인 중 하나.

훈시적 교수 모델 didactic teaching model

이전에 알던 지식에 대한 재교육 · 재학습에 중점을 둔 실어증 치료 모델. 전통적 교육 기법에 해당함.

제3부

신경말장애

ㄱ

가면얼굴 masked face

파킨슨병의 특징 중 하나로 얼굴 근육의 움직임이 조절되지 않아 표정 없이 굳은 얼굴을 보이는 증상.

가성 구감정 pseudobulbar affect(PBA)

실제 감정과 별개로 참기 힘든 웃음·울음이 표출되는 병리적 현상. 신경학적 손상에 의해 부차적으로 발생함. 경직형 마비말장애 등에서 빈번함.

가성 구마비 가성 연수마비, 거짓 숨뇌마비 pseudobulbar palsy

상부운동신경원인 피질연수로를 침범하는 질환으로 인해 마비말장애·삼킴장애 등 구마비와 유사한 증상이 나타나는 것.

가속보행 festinating gait, festination

파킨슨병의 특징 중 하나로 걸음이 빠르고 보폭이 짧아지는 증상.

가청 흡기 audible inspiration

후두·호흡의 약화로 들숨 시 소리가 들리는 것. 이완형 마비말장애 등에서 빈번함.

간대성 근경련 myoclonus

일련의 근육이 갑작스럽고 빠르게 불수의적으로 수축하는 현상. 특정 근육이 움찔거리거나 여러 근육의 수축으로 사지가 심하게 움직임.

감각 트릭 감각 속임 sensory tricks

환자 스스로 특정 부위의 감각을 자극함으로써 근육의 긴장이상을 일시적으로 억제시키는 행위.

감금증후군 locked-in-syndrome

의식이 있고 인지는 정상이나 사지마비로 자발적 신체 운동이 불가능해 구어 의사소통이 어려운 상태. 안구 운동으로만 의사소통함.

강세 stress

연속된 음성에서 특정 부분을 강하게 발음하는 것.

강제유도운동 치료법 constraint-induced movement therapy(CIMT)

손상된 쪽의 손만 사용하도록 유도해 운동피질의 활성화 및 재조직을 증진하는 치료법.

강화 훈련 strengthening

혀·입술 등 조음기의 근력을 강화하는 훈련. 근육 약증이 있는 마비말장애 등에 유용함.

개념실행증 관념실행증 ideational apraxia(IA), conceptual apraxia

동작의 개념을 이해하지 못해 명령에 따라 단계적 동작을 수행하지 못하는 증상. 좌반구 후방 측두-두정연접부, 실비안종렬 등의 손상에 기인함.

개념운동실행증 관념운동(성)실행증 ideomotor apraxia(IMA)

동작의 개념은 이해하나 개별 동작을 수행하지 못하는 증상. 좌반구 두정엽, 전운동영역 등의 손상에 기인함.

거친 음성 harsh voice

성대가 과도하게 긴장하면서 일부 열린 성문으로 공기가 통과하며 나오는 음성.

경직 spasticity

추체로 손상으로 근긴장도가 비정상적으로 증가한 상태. 근육을 펼 때 근육저항이 증가함.

경직형 마비말장애 spastic dysarthria

중추신경계의 양측 상부운동신경세포 손상으로 인한 마비말장애 유형. 느린 말속도, 느리고 규칙적인 교대운동속도, 쥐어짜는 음성 등을 보임.

경축 강직, 강축 rigidity

파킨슨병의 주요 증상 중 하나로 근긴장도가 비정상적으로 증가해 뻣뻣한 상태. 기저핵 등 추체외로 손상에 기인하며 근육을 접거나 펼 때 동일한 저항감이 지속됨.

공명 resonance

물체의 고유 진동수와 일치하는 파동이 물체를 통과할 때 진동이 커지는 현상. 구강 · 비강 등을 지나면서 소리가 증폭 · 변형됨.

과균등 강세 단속성 말투 equal and excess stress, scanning speech

음절 내에서 끊겨 말이 분리되는 증상. 과도한 쉼, 변이적 강세 등에 기인함. 실조형 마비말장애 등에 동반됨.

제3부 신경말장애

과다비성 hypernasality

연인두 폐쇄부전으로 인해 비음이 아닌 자모음에서 비성이 과다하게 발생하는 공명장애. 이완형 마비말장애 등에 동반됨.

과소비성 hyponasality

비음 산출 시 비강으로 기류가 충분히 나오지 않아 코 막힌 듯한 소리가 나는 공명장애.

과조음 overarticulation

마비말장애의 말명료도를 증진하기 위해 최대한 과장되게 조음하도록 유도하는 치료법.

교대운동속도 alternative motion rate(AMR)

조음 움직임의 속도 · 정확성 · 규칙성을 평가하기 위해 하나의 음절(예: /퍼/, /터/, /커/)을 빠르게 반복하도록 하는 과제.

교합저지기 bite block

발화 시 치아를 꼭 다무는 것을 방지하고 턱 조절이 용이하도록 치아에 고정시키는 보조기기. 턱 근육의 수의적 수축을 통해 불수의적 움직임을 억제하는 데 활용함.

교호운동속도 길항반복운동속도 diadochokinetic rate(DDK)

말운동장애의 조음 측면을 평가하는 과제. 교대운동속도 · 일련운동속도가 해당함.

교호운동장애 길항반복운동장애 dysdiadochokinesis

손바닥 빨리 뒤집기 등의 반복적 운동검사에서 근육협동장애, 불규칙적 근운동이 복합적으로 나타나는 증상.

구강 기제 oral mechanism

발화에 필요한 혀 · 입술 · 구개 · 인두 등의 구강 구조.

구강반사 oral reflexes

신생아의 반사적·자동적 구강 움직임과 관련된 반사. 대뇌의 성숙에 따라 주로 6개월 전후에 소실됨. 먹이찾기·씹기·혀밀어내기 반사 등이 해당하며 구토반사는 7개월 이후 혀의 후방 1/3 지점으로 이동함.

구강실행증 oral apraxia

구강 구조를 자발적이고 순차적으로 움직이는 데 어려움이 있는 증상. 혀 내밀기, 빨대로 빠는 흉내 내기 등으로 평가함.

구개 거상기 palatal lift prosthesis

연인두 폐쇄부전으로 인한 비성 감소를 위해 연구개를 들어 올리는 보철기.

구개인후두 간대성 근경련 palato-pharyngo-laryngeal myoclonus

연구개·인두벽·후두근에 갑자기 발생하는 불수의적 움직임. 50~200Hz의 빠르고 반복적인 근육 수축을 보임.

구마비 연수/숨뇌마비 bulbar palsy

연수나 연수 주변부의 손상으로 발화·삼킴 시 장애를 보이는 상태.

구성실행증 constructional apraxia

도형을 그리거나 여러 조각을 하나로 완성하는 데 어려움이 있는 증상. 주로 우반구 손상에 기인하며 도형 베껴 그리기, 블록 쌓기 등으로 평가함.

구토반사 구역반사 gag reflex

혀 뒤쪽, 인두후벽, 양측 구개활을 자극할 때의 구토 반응. 해로운 물질을 삼키거나 질식을 방지하는 역할을 함. 개인마다 반사 유무가 다르고 설하신경·미주신경의 상태를 반영함.

근긴장 이상증 dystonia

지속적·불수의적 근육 수축으로 신체 부위가 꼬이거나 반복적으로 움직이고 비정상적 자세를 초래하는 증상. 기저핵의 기능이상에 기인한 신경학적 운동장애.

근긴장 저하 hypotonia

근육 긴장도가 감소하는 증상. 근육이 느슨해지거나 수동적 움직임에 대한 저항이 감소함.

근위축성 측삭 경화증 근육위축 가쪽 경화증 amyotrophic lateral sclerosis (ALS)

사지 근력 약화, 마비말장애, 연하장애, 호흡 곤란 등을 보이는 퇴행성 운동신경원 질환. 운동신경세포의 소실로 근육이 제대로 기능하지 못함. 경직-이완 혼합형 마비말장애 등의 원인에 해당함.

근육 위축 atrophy

뇌신경·척수신경·근육섬유 손상에 의해 근육 조직이 감소하는 증상.

기기적 분석 instrumental analysis

청지각적 분석 외에 음향학적·생리학적·시각적 영상기기를 사용한 말운동장애 분석법.

기식음 숨 새는 음성 breathy voice

성대의 불완전 내전으로 공기가 새는 음성. 미주신경의 손상으로 이완형 마비말장애 등에 동반됨.

길랑-바레 증후군 Guillain-Barre syndrome

호흡기·위장관 감염에 의해 면역 체계가 말초운동신경을 파괴하는 신경계 질환. 발끝의 근력 약화, 얼얼하거나 저린 느낌이 상지로 빠르게 퍼져 전신마비를 유발하기도 함.

ㄴ

뇌심부자극술 deep brain stimulation(DBS)

운동을 담당하는 창백핵·시상 등 뇌심부 부위에 전극을 심고 전기 자극을 가해 뇌 활동을 자극하거나 방해하는 시술. 파킨슨병의 이상운동증에 대한 수술적 치료법 중 하나.

다계통 위축증 다발성 신경계 위축 multiple system atrophy(MSA)

진전 · 경축 등 파킨슨증, 자율신경계 이상, 실조증을 동반하는 퇴행성 질환의 총칭. 샤이-드래거 증후군, 진행 핵상마비, 올리브뇌교소뇌 위축증 등이 해당됨.

다발성 경화증 multiple sclerosis(MS)

면역 체계가 수초를 공격해 뇌와 신체 부위 간 연결을 방해하고 신경 손상을 일으키는 중추신경계 질환. 안구운동장애 · 복시 · 감각이상 · 조화운동불능 등이 동반됨. 실조-경직 혼합형 마비말장애 등의 원인에 해당함.

단어명료도검사 word intelligibility test

단단어 읽기를 통해 명료도를 평가하는 검사. 음성적 대립 평가로 명료도 저하를 야기하는 음성의 위치를 확인함.

단음도 단조로운 음도 monopitch

발화 시 변화가 없고 단조롭거나 일률적인 음도. 이완형 마비말장애 등에 동반됨.

단음량 단조로운 음성크기 monoloudness

발화 시 변화가 없고 단조로운 음성 크기. 이완형 마비말장애 등에 동반됨.

대립적 강세 과제 contrastive stress task

발화의 자연스러움을 증진하기 위해 강세 패턴에 변화를 주는 과제.

동시조음 이중조음 coarticulation

여러 음소가 잇따라 조음되어 중첩되는 양상.

동어반복증 palilalia

단어·구 수준에서 발화가 강박적으로 반복되고 빨라지는 증상. 양측 기저핵 병변 등에 의한 후천성 유창성장애의 유형. 발화 끝부분에서 반복이 빈번함.

등간척도법 equal interval rating scale

순서 사이의 간격이 균일한 척도법. 발화의 청지각적 평가에 활용함. 5점·7점 척도 등이 해당함.

제3부 신경말장애

리실버만 음성치료 Lee Silverman voice treatment(LSVT)

파킨슨병의 말·음성을 개선해 의사소통을 증진하기 위한 치료법. 음량 증가와 '크게 생각하기' 훈련을 주 4회씩 4주간 집중적으로 실시함. Ramig(1983)가 고안함.

마비 paralysis, palsy

신경이나 근육 형태의 변화 없이 기능이 저하되어 감각이 없어지고 움직일 수 없는 상태. 신경계나 전해질 이상 등에 기인함.

마비말장애 dysarthria

신경학적 손상으로 말운동 기제의 제어와 집행에 어려움이 있는 말장애. 호흡·발성·공명·조음·운율 등의 말 산출 과정이 저하됨. 편측상부운동신경세포형·경직형·이완형·운동저하형·운동과잉형·실조형·혼합형 등으로 분류됨.

말 기제 speech mechanism

말 산출 과정에 해당하는 호흡·발성·공명·조음·운율의 단계.

말명료도 speech intelligibility

화자의 말을 청자가 알아들을 수 있는 정도.

말소리산출 치료법 sound production treatment(SPT)

최소대립쌍을 통해 자음 산출을 촉진하고 통합적 자극, 조음지시 단서를 활용하는 말실행증 치료법.

말실행증 apraxia of speech(AOS)

신경학적 손상으로 말운동 계획과 프로그래밍에 어려움이 있는 말장애. 말 산출 시 특정 음소의 조음점에 조음기를 정확히 위치시키는 등의 순차적 운동 명령을 잘 수행하지 못함.

말운동장애 motor speech disorders(MSD)

신경학적 손상으로 말운동의 계획, 프로그래밍, 제어 및 집행에 어려움이 있는 장애의 총칭. 마비말장애와 말실행증이 해당함.

말운동 프로그래머 speech motor programmer

말 산출과 관련된 운동 명령을 순차적으로 계획하고 프로그래밍하기 위해 실시간으로 활성화되는 중추신경계의 조직망. 좌측 대뇌반구의 전두-두정엽이 주요 역할을 담당함.

말이해도 이해가능도 speech comprehensibility

화자가 산출한 발화를 의사소통 맥락 내에서 청자가 알아듣는 정도. 보편적으로 말명료도보다 높게 산정됨.

말초성 안면마비 peripheral facial palsy(PFP)

안면운동신경핵이나 하부운동신경세포의 손상으로 동측 얼굴 전체가 마비되는 증상.

모색 현상 탐색 현상 groping

말을 시작하기에 앞서 혀·입술 등 조음기를 움직여 조음의 위치와 방법을 탐색하는 행동. 말실행증의 주요 특징 중 하나.

모음연장 과제 vowel prolongation task

특정 모음(예: /아/)을 최대한 길게 내도록 하여 호흡 · 발성 · 공명 측면의 청지각적 평가에 활용하는 말 과제.

무도병 chorea

얼굴 · 손 · 발 등 신체 일부에서 인접 부위로 흐르는 듯 퍼지는 불규칙적 불수의 운동을 보이는 증후군. 춤추는 듯한 움직임에 착안한 용어. 운동 조절 관련 신경전달물질인 도파민의 과활성화에 의한 이상운동 증의 하나.

무동성 함구증 akinetic mutism

마비가 없음에도 주변 환경에 대한 운동 · 구어 반응이 현저히 줄어든 상태. 전두엽 손상으로 인한 극단적 무의지증의 하나.

무의지증 abulia

뇌손상으로 인해 자발적 활동 · 구어가 부족하고 자극 · 지시에 대한 반응이 느린 증상. 중증도에 따라 무감동과 무동성 함구증으로 나타남.

제3부 신경말장애

반마비 반신마비, 편마비 hemiplegia

　몸 한쪽이 마비된 상태. 수의적 운동을 지배하는 추체로 손상에 기인함.

반불완전마비 hemiparesis

　몸 한쪽 기능이 완전히 상실되지 않고 부분적 또는 경미하게 약화된
마비 상태.

반사 reflex

　외부 자극에 대한 즉각적 · 불수의적 반응. 감각수용기에서 받아들인
자극이 대뇌피질까지 가지 않고 뇌간 · 척수 등 반사중추에서 전환한
후 운동뉴런 · 근육으로 명령을 전달함.

반향어증 echolalia

　상대방의 발화 중 일부나 전체를 강박적으로 따라 말하는 증상. 연결
피질감각실어증 · 혼합연결피질실어증 등에서 빈번한 후천성 유창성
장애.

발성 phonation

내뱉는 공기가 성대를 진동시켜 음성을 만드는 현상. 성대 내전과 진동, 성문하압이 적절할 때 정상적으로 이루어짐.

발성부전 hypophonia

음성이 비정상적으로 약하거나 작은 증상. 파킨슨병, 기저핵 손상 등에 기인함.

발성불능증 aphonia

음성이 산출되지 않는 증상. 수술·종양 등으로 인한 신경 손상에 기인함.

발성실행증 후두실행증 apraxia of phonation(AOP)

신음소리 등 생리학적 발성은 자발적으로 가능하나 소리를 내도록 요구하면 전혀 발성하지 못하는 증상.

벨 마비 Bell's palsy

얼굴 한쪽 근육이 갑자기 약화되거나 마비되는 증상. 귀 뒤쪽 통증, 미각 손실, 눈을 감을 수 없는 증상을 동반할 수 있음. 바이러스에 의한 안면신경 손상 등이 원인으로 추정됨.

병리적 구강반사 비정상적 구강반사 pathologic oral reflexes

신경학적 손상에 의해 신생아의 구강반사가 발달 연령에 맞지 않게 지속되거나 다시 나타나는 현상.

보톡스 주입 Botox injection

근육에 보톡스를 주입해 근긴장을 완화시키는 치료법. 연축발성장애, 구강하악 근긴장이상 등에 적용됨.

본태성 진전 essential tremor

활동 시 손·머리·음성 등에 나타나는 불수의적 떨림 증상. 다른 신경계이상 증상은 동반되지 않음. 파킨슨병의 안정 진전과 구별됨.

부하검사 stress test

피로도를 평가하기 위해 읽기·말하기 과제를 휴식 없이 시행하는 검사.

불규칙 조음 붕괴 irregular articulatory breakdowns

조음이 일정하지 않게 부정확해지는 증상. 실조형 마비말장애 등에서 빈번함.

비강누출 nasal emission

연인두 폐쇄부전으로 인해 발화 시 기류가 코로 부적절하게 새는 현상. 모음·유성자음에 영향을 주는 과다비성과 달리 압력자음의 산출시 나타남. 이완형 마비말장애 등에서 빈번함.

비침습적 검사 non-invasive test

기기를 몸속에 넣지 않고 시행하는 검사. 초음파·자기공명영상 등이 해당함.

빠른 음성 떨림 vocal flutter

빠르고 낮은 강도의 음성 떨림. 파킨슨병, 미주신경 손상 등에 기인함.

빨기반사 sucking reflex

신생아의 혀·입술·볼 등을 자극하면 입술을 오므리거나 내미는 반응. 원시반사의 일종으로 출생 시 나타나 2~3개월 이내에 소멸됨. 상부운동신경 질환 시 관찰됨.

사지실행증 limb apraxia

사지를 움직일 때 나타나는 실행증. 의사소통에 필요한 사지 동작을
수행하지 못함.

샤이 드래거 증후군 Shy-Drager syndrome(SDS)

다계통 위축증의 하나로 호흡 저하 등의 자율신경계 이상이 두드러지
는 증후군. 병변에 따라 경직-운동저하, 운동저하-실조, 실조-경직
혼합형 마비말장애 등이 동반됨.

성량 조절기 vocal intensity controller

음성 강도가 너무 약하거나 강할 시 피드백을 제공해 조절하도록 하는
모니터링 기기.

소뇌함구증 증후군 cerebellar mutism syndrome(CMS)

수술 후 1~2일 내에 발생하는 일시적 함구증 증후군. 함구증, 정서 불
안정, 근긴장 저하, 실조증 등이 동반됨.

속도 조절판 pacing board

말속도를 조절하는 데 활용하는 보조기기. 손가락으로 음절·어절마다 한 칸씩 가리키며 말하도록 훈련함.

속상수축 근섬유다발수축 fasciculations

근육의 작은 다발이 국소적으로 수축하는 증상. 근육의 씰룩거림이 나타나며 이완형 마비말장애 등에서 빈번함.

손바닥 두드리기 tapping

말속도를 줄이기 위해 음절 산출에 맞춰 손바닥을 두드리는 기법.

순수 마비말장애 pure dysarthria

안면·혀의 약증 외에 다른 증상이 없는 마비말장애 유형.

순수 말실행증 pure apraxia of speech

실어증을 동반하지 않는 말실행증.

스트레칭 stretching

혀·입술 등을 당겨 과긴장성을 감소시키는 훈련법. 발화 시 혀·입술 움직임의 범위와 속도를 증가시키는 데 효과적임. 마비말장애의 비구어 중재 시 활용함.

식물인간 상태 vegetative state

심한 뇌손상으로 인해 눈을 뜨고 깨어 있으나 외부 자극에 의미 있게 반응하지 못하는 상태.

신경말더듬 신경학적 말더듬 neurogenic stuttering

신경학적 질환으로 인해 산출되는 비유창한 말. 반복·연장·막힘이 나타남. 발달성 말더듬과 달리 부수행동이 거의 관찰되지 않음.

신경말장애 neurogenic/neurologic(al) speech disorders

신경학적 원인에 기인한 말장애의 총칭. 마비말장애 · 말실행증 등의 말운동장애, 신경말더듬 · 반향어증 · 동어반복증 등의 신경학적 말장애 등이 해당함.

실구어증 anarthria

말 산출 관련 근육의 손상으로 인해 전혀 말하지 못하는 가장 심도의 마비말장애 유형.

실율증 aprosodia

운율의 산출과 이해 측면에서 나타나는 결함. 우뇌손상으로 인한 운율장애와 구별됨.

실조증 조화운동불능 ataxia

걷기, 물건 집기 등 수의적 운동 시 근육 조절이나 협응장애로 행동이 미숙해지는 상태. 소뇌, 소뇌 제어회로의 병변에 기인함.

실조형 마비말장애 ataxic dysarthria

소뇌 및 소뇌 제어회로의 손상에 의한 협응이상이 말에 영향을 미치는 마비말장애 유형. 불규칙적 조음 붕괴 및 교대운동속도, 과균등 과세, 과도한 강도 변이 등이 나타남.

실행증 apraxia

감각 상실이나 마비가 없음에도 숙련되거나 연속적인 동작을 자발적으로 수행하지 못하는 증상. 전두엽, 앞쪽 두정엽 손상에 기인한 실어증 등에 동반될 수 있음.

심인성 말더듬 psychogenic stuttering

성인기에 출현하거나 심인성 병인에 의해 나타나는 유사 말더듬.

제3부 신경말장애

심인성/비기질적 말장애 psychogenic/nonorganic speech disorder(PNSD)

불안 · 우울증 · 전환장애 · 성격장애 등 심리적 이상에 기인한 말장애 또는 의학적으로 기질적 원인을 규명할 수 없는 말장애.

심인성 함구증 psychogenic mutism

심인성 병인으로 인해 말하려 하지 않거나 입모양으로만 말하는 증상.

안면실행증 얼굴실행증 buccofacial apraxia

구강을 포함한 얼굴의 부분적 동작에 어려움이 있는 실행증 유형. 말실행증 · 사지실행증과 동반될 수 있음.

안정 진전 휴지 시 진전 resting tremor

근육이 이완된 상태에서 나타나는 신체 일부의 떨림 현상. 휴식 시 손 · 사지 등에서 관찰되며 주로 파킨슨병에 기인함.

알파벳 보충법 alphabet supplementation

말하고자 하는 단어의 첫 글자를 알파벳 보드에서 가리킴으로써 말속도를 감소시키는 조절 기법.

압력자음 약화 weak pressure consonants

구강 내 압력의 약화로 파열음 · 마찰음 · 파찰음이 왜곡되는 현상.

약증 위약 weakness

근육의 힘이 약화된 상태.

양측판개 증후군 biopercular syndrome

전두-측두, 두정-피질, 피질하 연접부 등의 양측 손상으로 수의적 구강안면 운동이 어려운 희귀 질환. 푸아-샤비니-마리 증후군(Foix-Chavany-Marie syndrome: FCMS)으로도 칭하며 실구어증·삼킴장애 등을 동반함.

억양 intonation

문장의 의미를 변별하는 말소리의 높낮이.

연인두 폐쇄부전 velopharyngeal incompetence(VPI)

연구개와 인두벽이 잘 접촉되지 않아 구강의 공기가 비강 쪽으로 새는 현상. 과다비성 등의 공명장애를 유발함.

연축발성장애 후두 근긴장 이상증 spasmodic dysphonia, laryngeal dystonia

후두 근육의 불수의적 움직임에 기인한 질환. 성대 내전의 유형에 따라 쥐어짜는 음성, 새는 음성, 혼합 음성 등이 나타남.

연축 사경 연축 기운 목 spasmodic torticollis

목 근육의 불수의적 수축에 의해 턱이 어깨 쪽으로 당겨져 목이 기우는 증상.

영구적 식물인간 상태 persistent vegetative state

식물인간 상태가 1년 이상 길어지는 현상.

올리브뇌교소뇌 위축증 olivopontocerebellar atrophy

뇌교·소뇌의 신경세포 손상으로 실조형 균형장애, 보행장애, 진전 등을 보이는 증상. 다계통 위축증의 하나로 실조-운동저하, 실조-경직 혼합형 마비말장애 등이 동반됨.

외국어 말투 증후군 외국인 억양 증후군 foreign accent syndrome

신경학적 질환에 의해 조음·억양이 외국어를 말하듯이 변화하는 증상.

외설증 coprolalia

욕설이나 사회적으로 부적절한 말을 불수의적이고 강박적으로 내뱉는 증상. 투렛 증후군의 증상 중 하나.

운동과잉형 마비말장애 hyperkinetic dysarthria

기저핵 제어회로의 손상으로 인한 불수의적 운동이 말에 영향을 미치는 마비말장애 유형. 무도병, 틱, 근긴장이상증, 간대성 근경련 등의 과잉운동과 연관됨.

운동불능증 무동증 akinesia

원하는 대로 근육을 움직이지 못하는 증상. 파킨슨병 등에 기인함.

운동완만 운동느림증 bradykinesia

몸의 움직임이 점차 느려지는 증상. 파킨슨병 등에 기인함.

운동장애 이상운동 질환 movement disorders

강직·약증과 상관없이 수의적 또는 불수의적으로 이상운동을 보이는 질환. 감소되거나 느린 운동이 나타나기도 함. 무도병·파킨슨병 등에 기인함.

운동저하형 마비말장애 hypokinetic dysarthria

기저핵 제어회로의 손상으로 운동 범위가 감소되어 말에 영향을 미치는 마비말장애 유형. 음량 감소, 단음도, 단음량, 전반적으로 빠른 말 속도 등이 나타남.

운동해체 운동분해 decomposition of movement

운동이 단일 동작으로 부드럽게 수행되지 못하고 개별적 움직임으로 쪼개지는 증상. 소뇌 병변의 징후에 해당함.

운율 prosody

리듬·억양·강세 측면의 언어 양식.

운율속도조절 치료법 metrical pacing therapy

목표 발화 내 각 음절의 첫 부분에 리듬적 단서를 제공하는 말실행증 치료법.

운율장애 dysprosody

마비말장애·말실행증에서 나타나는 운율의 결함. 부정확한 조음, 음량 저하 등이 동반될 수 있음.

원발성 진행성 말실행증 primary progressive apraxia of speech(PPAOS)

피질기저핵변성, 진행 핵상마비 등 신경퇴행성 질환에서 말실행증이 가장 두드러지거나 초기의 유일한 징후로 나타나는 증상.

원시반사 primitive reflexes

정상 영아에게 나타나는 중추신경의 본능적 반사 작용. 전두엽의 발달로 억제 및 소멸되며 정상 성인에게는 관찰되지 않음. 먹이찾기·빨기·삼킴·보행 반사 등이 해당함.

윌슨병 Wilson's disease

구리의 대사이상으로 인해 간·기저핵 등에 구리가 과다 축적되는 유전 질환. 무도증, 무동강직증, 근긴장증, 소뇌성 실조증, 실조-경직-운동 저하 혼합형 마비말장애 등이 동반됨.

음성 끊김 voice stoppage

성대의 갑작스러운 과대내전으로 발성이 끊기는 증상.

음성 떨림 voice tremor

신경학적 질환으로 인해 음성에 4~7Hz의 규칙적 떨림이 나타나는 증상.

이상운동증 dyskinesia

병인에 상관없이 비정상적이고 불수의적인 운동의 총칭.

이완형 마비말장애 flaccid dysarthria

　　뇌신경·척수신경의 손상으로 인한 근육 약증, 근긴장 저하가 말에 영
　　향을 미치는 마비말장애 유형. 과다비성, 지속적 기식성, 부정확한 자
　　음 등이 빈번함.

이중음도 diplophonia

　　동시에 2개의 음도가 나타나는 음성. 일측 성대마비로 인해 마비말장
　　애에 동반될 수 있음.

인두 피판술 pharyngeal flap surgery

　　인두후벽의 점막·근육을 구개 쪽에 연결해 비강으로 가는 기류를 감
　　소시키는 수술법.

일련운동속도 sequential motion rate(SMR)

　　일련의 음절(예: /퍼터커/)을 반복해 조음 위치를 순서대로 빠르고 정확
　　하게 전환하는지를 평가하는 과제. 말실행증 시 수행력이 저하됨.

입벌림장애 개구장애 trismus

　　씹기 근육의 비정상적 수축으로 입을 크게 벌리지 못하는 상태.

자극반응도 stimulability

다른 자극에 비해 특정 자극에 더 잘 반응하는 경향성. 자극반응도가 낮은 목표어는 중재가 어려우나 일반화에 더 용이함.

자세반사 postural reflex

몸의 자세와 운동 평형을 유지하려는 반사. 파킨슨병에서 결함을 보여 서 있을 때 가볍게 밀면 균형을 잃고 넘어짐.

잔떨림 섬유성연축 fibrillations

신경세포의 손상으로 근육섬유가 무질서하게 수축을 반복하는 상태.

전자구개운동 기록기 electropalatography(EPG)

발화 시 혀 움직임에 대한 피드백을 제공하는 기기. 마비말장애의 조 음 중재에 활용됨.

전환말장애 conversion speech disorder

뚜렷한 신경학적 원인 없이 특정 정신적 외상에 의해 운동·감각 문제를 보이는 전환장애에 동반되는 말장애. 전환 발성장애, 전환 함구증 등이 해당함.

조음 articulation

말소리나 단어를 산출하거나 발음하는 행위.

조음기 articulator

말소리를 산출하기 위해 필요한 입술·혀·턱·연구개 등의 구조.

조음점 지시법 phonetic placement

목표 음소를 산출하기 전에 조음의 위치를 알려주는 치료법.

중증근무력증 myasthenia gravis(MG)

말초신경과 근육을 연결하는 신경근육접합부에 발생하는 질환. 신경 신호가 근육에 잘 전달되지 않는 자가면역 질환의 하나. 일시적 근력 약화와 피로를 동반하며 말 평가 시 피로도검사를 시행함.

중추성 안면마비 central facial palsy(CFP)

안면신경의 손상으로 얼굴 표정을 지을 수 없는 상태. 안면운동신경핵 이전 상부운동신경세포의 편측 손상으로 반대쪽 얼굴의 아래쪽이 마비됨.

쥐어짜는 음성 strained-strangled voice

과도한 내전으로 꽉 조여진 성대를 성문 아래 공기가 통과하면서 산출되는 쥐어짜는 듯한 음성.

지속적 기도 양압기 continuous positive airway pressure(CPAP)

압력이 형성된 공기를 비강으로 계속 주입해 공명 치료에 활용하는 기기. 폐쇄성 수면 무호흡증 치료, 연인두근 강화 훈련 등에 유용함.

지연청각피드백 delayed auditory feedback(DAF)

빠른 말속도를 늦추기 위해 자신의 발화를 지연시켜 듣도록 하는 방식
또는 보조기기.

진전 떨림 tremor

신체 부위가 불수의적·규칙적으로 떨리는 증상. 안정·활동 진전 등
으로 분류됨.

창백핵 절단술 담창구 절단술 pallidotomy

파킨슨병의 이상운동 증세를 완화하기 위해 창백핵을 절단하는 수술.

진행된 파킨슨병에서 레보도파(levodopa)의 부작용이나 미미한 효과

가 나타나면서 재조명됨.

청지각적 분석 auditory-perceptual analysis

기기를 사용하지 않고 발화나 음성을 들은 후 분석하는 것. 지각적 분

석 방법의 하나.

최대발성지속시간 maximum phonation time(MPT)

특정 모음(예: /아/)을 최대한 길게 발성한 시간. 연령 · 성별 · 질환 등

에 따라 상이함.

E

턱 슬링 jaw sling

삼차신경 손상 시 턱을 적절히 올리도록 턱에 부착하는 장치.

테플론 주입 teflon injection

인두벽에 테플론을 주입해 연인두 폐쇄부전을 중재하는 수술법 중 하나.

텐실론검사 tensilon test

항콜린에스테라아제(anticholinesterase)를 주사해 근력 약화가 호전되는지를 확인하는 검사. 중증근무력증 등의 진단에 활용됨.

톱니바퀴 경축 톱니바퀴모양 경직 cogwheel rigidity

경축이 있는 팔꿈치 등의 관절을 돌릴 때 간헐적으로 저항감이 나타나는 증상. 톱니바퀴를 돌릴 때처럼 근육이 조금씩 단계적으로 펴지는 양상.

투렛 증후군 Tourette's syndrome

아동기나 청년기에 발병해 1년 이상 지속되는 만성 틱장애. 다발성운동틱·음성틱이 복합적으로 나타나는 증후군.

틱장애 tic disorder(s)

상동적·반복적이고 빠른 불수의적 움직임이 나타나는 이상 행동. 운동틱(눈 깜박임, 얼굴 찡그림 등)과 음성틱(헛기침, 큼큼거림 등)으로 분류됨.

파킨슨병 Parkinson's disease

중뇌 흑질의 도파민 신경세포가 사멸해 운동완만, 안정진전, 근육강
직, 자세 불안정 등을 보이는 신경퇴행성 질환. 특발성 및 이차적 파킨
슨병으로 분류됨. 운동저하형 마비말장애 등의 원인 질환에 해당함.

파킨슨증 Parkinsonism

파킨슨병과 유사한 증상을 보이는 질환의 통칭. 중독, 반복적 뇌외상,
종양, 약물, 다발성 신경계 위축, 루이소체 치매 등에 기인함.

파킨슨플러스 증후군 Parkinson plus syndrome

파킨슨병의 주요 특징과 추가적 증상이 결합된 신경퇴행성 질환의 총
칭. 다계통 위축증, 진행 핵상마비, 피질기저핵변성 등의 증상과 진전,
강직, 운동불능증/운동완만, 자세 불안정이 결합된 경우가 해당함.

편측상부운동신경세포형 마비말장애 unilateral upper motor neuron(UUMN) dysarthria

상부운동신경세포의 편측 손상으로 인한 마비말장애 유형. 비교적 경미하며 부정확한 자음, 거친 음질, 느린 말속도 등이 나타남.

프롬프트 기법 prompt for reconstructuring muscular phonemic therapy (PROMPT)

촉각-운동감각 단서를 활용해 손가락으로 입, 턱 밑, 목 주변의 조음점을 짚어주며 말 산출을 촉진하는 말실행증 치료법.

프리드리히 실조증 Friedreich's ataxia

마비말장애, 감각장애, 피질척수경로 이상을 보이는 유전성 조화운동 불능 질환. 실조-경직 혼합형 마비말장애 등을 유발함.

피로도검사 fatigue test

근육에 부담을 가해 피로의 유발 여부를 파악하는 검사. 중증근무력증의 선별에 활용됨.

ㅎ

하악반사 jaw-jerk

살짝 입을 벌린 상태에서 아래턱 중앙을 가볍게 치면 교근이 반사적으로 수축해 입을 다무는 현상. 정상 성인에게는 드물며 상부운동신경세포 질환 시 두드러짐.

함구증 무언증, 함묵증 mutism

거의 또는 전혀 말을 하지 않는 증상. 원인에 따라 무동성 · 의지상실 · 심인성 함구증 등으로 분류됨.

헌팅턴 병 Huntington's disease

무도증, 행동 · 정신기능 이상, 인지장애를 동반하는 퇴행성 유전 질환.

호기근 강화 훈련 expiratory muscle strength training(EMST)

음량, 호흡군당 음절 수, 발화 관련 지구력 등을 증진하기 위해 호기근력을 강화하는 훈련. 압력역치 기기를 사용해 일정시간 동안 불기를 규칙적으로 최대한 시행함.

호흡 respiration

생명체가 산소를 들이마시고 이산화탄소를 내뱉는 과정. 충분한 양의
공기가 지속적으로 공급되어야 말 산출이 가능함.

혼합형 마비말장애 mixed dysarthria

2개 이상의 유형이 결합되어 복합적 특성을 보이는 마비말장애 유형.
퇴행성 질환 등에 기인하며 경직-이완형, 실조-경직형, 실조-이완-
경직형 등 다양한 형태로 분류됨.

활동 진전 활동 떨림 action tremor

다양한 활동에서 근육이 수축할 때 발생하는 떨림. 움직일 때, 의식적
으로 목표물에 접근할 때, 특정 자세를 취할 때, 쓰기 등 특정 작업을
수행할 때 주로 나타남.

흡기근 강화 훈련 inspiratory muscle strength training(IMST)

흡기근력을 증진시키는 훈련. 발화 시 호흡군 길이 및 음량의 증진 등
에 목표를 둠. 압력역치 기기를 사용해 들숨을 규칙적으로 시행함.

흡기 협착음 흡기 천명음 inhalatory stridor

들숨 시 성대가 완전히 열리지 않은 상태에서 들리는 쌕쌕거리는 소
리. 성대 외전근 마비에 기인함.

제3부 신경말장애

제4부

삼킴장애

ㄱ

가성대 false vocal cord

후두 근육을 덮는 점막의 주름. 음식물의 성문 유입을 막고 성대를 보호함. 아래쪽 진성대와 달리 발성에 관여하지 않음.

가성발성 훈련 falsetto exercise

두성을 사용하는 고성보다 더 높은 음을 내는 후두상승 훈련법. 고음을 산출해 성대가 길고 가늘어지며 후두가 상승되면 이를 수 초간 유지시킴.

가압대 cuff

기관절개 튜브의 아래쪽에 위치해 풍선처럼 팽창되는 장치. 호흡 치료가 필요하거나 기관으로 이물질이 흡인될 우려가 있을 때 팽창됨.

가족성 자율신경 실조증 familial dysautonomia

자율신경계 이상으로 인한 희귀성 유전 질환. 영아의 경우 젖 빠는 힘이 약하고 삼킴반사가 저하됨.

가측익돌근 가쪽날개근 lateral pterygoid muscle

하악골을 좌우로 움직이거나 내려 입을 벌리게 하는 저작근.

갑상설골근 방패목뿔근 thyrohyoid muscle

갑상연골과 설골에 연결된 근육. 삼킴 시 갑상연골·설골을 위로 당기는 유일한 설골하근.

갑상연골 방패연골 thyroid cartilage

설골 아래 위치하고 갑상설골근에 의해 설골과 연결된 후두연골. 방패모양으로 후두연골 중 가장 큰 연골에 해당함. 성대를 보호하고 지지함.

갑상피열근 방패호미근 thyroarytenoid muscle

갑상연골과 피열연골 사이의 근육. 성대를 이완시킴.

거르렁거리는 음성 gurgly voice

삼킴 직후 /아/ 발성 시 성대 위에 음식이 잔존할 경우 산출되는 거르렁거리는 음성 질.

견갑설골근 어깨목뿔근 omohyoid muscle

설골과 어깨뼈에서 시작해 중간힘줄에 닿는 근육. 설골을 내리는 데 관여함.

경관 식이법 tube feeding

입을 통해 영양·수분을 공급할 수 없는 경우 소화기에 튜브를 연결해 공급하는 식이법.

경돌설골근 붓목뿔근 stylohyoid muscle

측두골의 경상돌기에서 설골로 연결되는 근육. 삼킴 시 설골을 위로 당기는 데 관여함.

경돌설근 붓혀근 styloglossus muscle

측두골의 경상돌기에서 혀 옆면으로 연결되는 근육. 혀를 뒤로 당기는 데 관여함.

경돌인두근 붓인두근 stylopharyngeal muscle

측두골의 경상돌기에서 인두벽으로 연결되는 근육. 인두·후두를 올리는 데 관여함.

경부 뼈돌기 경부 골증식 cervical osteophyte

경추에서 뼈가 이상성장해 생긴 구조물. 비정상적으로 큰 뼈돌기가 인두를 좁혀 삼킴장애를 유발함.

경부 청진 cervical auscultation

청진기를 목 쪽에 대고 삼키는 소리를 들어 흡인을 탐지하는 삼킴장애 선별검사.

경상돌기 붓돌기 styloid process

측두골 등의 뼈에서 붓처럼 뾰족하게 돌출한 부분.

경피적 내시경 위루술 피부경유내시경 위 창냄술 percutaneous endoscopic gastrostomy(PEG)

내시경을 사용해 복부 외측에 구멍을 만들고 위까지 연결하는 시술. 튜브를 통해 유동식 액체를 위로 직접 투입함으로써 영양을 공급함.

고랑 sulcus

치조와 뺨 사이 또는 치조와 입술 근육 사이의 공간. 삼킴장애 시 음식물이 고일 수 있음.

골화 ossification

골 조직의 이상증식. 연골·인대가 뼈처럼 딱딱해지는 증상.

제4부 삼킴장애

공장 창냄술 빈창자 창냄술, 공장 조루술 jejunostomy

복부 앞면에 구멍을 만든 후 튜브를 넣어 창자로 직접 영양을 공급하는 수술.

과다 구토반사 hyperactive gag reflex

신경학적 이상에 의해 과도하게 구토반사를 보이는 증상.

광섬유내시경 삼킴검사 fiberoptic endoscopic evaluation of swallowing (FEES)

내시경을 코로 삽입해 연구개 위에 위치시킨 후 인두벽 · 연구개의 폐쇄 양상을 관찰하는 검사. 방사선 노출 없이 관련 해부 구조를 위쪽에서 관찰함. '유연광섬유검사', '비디오내시경검사'로도 칭함.

교근 깨물근 masseter muscle

치아를 꽉 물 때 뺨에서 단단하게 만져지는 근육. 저작근 중 가장 표면에 위치함. 씹기 시 하악골을 올리는 데 관여함.

교합반사 bite reflex

치아 · 치조돌기를 자극하면 턱을 세게 닫는 반사. 음식 제공 시 치아가 상하지 않도록 고무 재질의 숟가락을 사용함.

구강건조증 xerostomia

침 분비 감소 등 다양한 원인으로 입안이 마르는 증상.

구강내 위턱 재형성 보철 intraoral maxillary reshaping prosthesis

구강암으로 인한 절제술의 시행 후 구강 내에 삽입하는 보철. 삼킴 기능의 개선에 효과적임.

구강 단계 oral phase

혀가 음식덩이를 뒤로 밀어 넘기는 순간부터 앞쪽 구개궁에 닿아 인두삼킴이 유발되기까지의 단계.

구강준비 단계 oral preparatory phase

입안에서 음식을 씹거나 조작하여 삼킬 수 있는 상태로 만드는 단계.

구강 촉각실인증 oral tactile agnosia

신경학적 손상으로 구강 감각이 저하되고 음식덩이를 삼킴 대상으로 인식하지 못하는 증상.

구강통과시간 구강이동시간 oral transit time(OTT)

혀가 움직이기 시작하는 순간부터 음식덩이의 머리 부분이 아래턱 하부 경계와 혀 기저부 간 교차 지점에 닿는 순간까지 소요되는 시간. 1~1.5초 가 정상 수준에 해당함.

구개거근 입천장올림근 levator veli palatini (muscle)

연구개 근육 중 입천장을 올리는 근육. 코인두와 입인두 사이를 막아 연인두 폐쇄에 기여함.

구개궁 구개활 faucial arches

구강과 인두의 경계로 입천장의 둥근 부분. 앞구개궁·뒷구개궁으로 분리됨.

구개설근 입천장혀근 palatoglossus (muscle)

연구개에서 혀로 연결되는 근육. 삼킴 시 혀 뒤쪽을 올리는 데 관여함.

구개인두근 입천장인두근 palatopharyngeus, palatopharyngeal muscle

인두 내 세로 근육층을 이루는 근육. 연구개에서 인두벽까지 위치하며 삼킴 시 코인두를 막음.

근감소증 근육감소증 sarcopenia

노화로 인해 근육의 양과 강도가 줄어드는 증상. 질환·영양결핍 등이 원인일 경우 삼킴장애를 유발할 가능성이 높음. 증상 심화 시 신체 활동 감소, 피로감 등이 나타남.

제4부 삼킴장애

기관 구멍 tracheostoma

기관 절개술에서 공기를 흡입할 목적으로 만드는 구멍.

기관식도루 기관식도 누관, 기관식도 샛길 tracheoesophageal fistula

기관과 식도 사이에 구멍이 생기는 선천적 식도기형 형태. 식도로 내려간 음식이 구멍을 통해 다시 기관으로 배출될 수 있음.

기관절개술 tracheostomy

코·입을 통한 호흡이 어려울 시 목 앞부분에 작은 구멍을 만들어 기관으로 직접 공기를 흡입하도록 하는 수술. 기관지 내 분비물의 배출 통로로도 사용됨.

기관절개 튜브 tracheostomy tube

기관절개 구멍에 삽입해 공기가 드나들도록 만든 관.

기도 보호 airway protective reflex

삼킴의 인두 단계 시 호흡을 멈추고 기도를 보호하는 것.

기침반사 cough reflex

이물질이 하기도로 흡인되는 것을 막기 위한 방어 작용. 기도의 이물질을 제거하기 위해 폭발적으로 일어나는 호기.

껍질 벗기기 stripping action

삼킴의 구강 단계에서 혀가 경구개에 닿아 음식덩이를 누르고 구강 뒤쪽으로 보내는 움직임.

ㄴ

내측익돌근 안쪽날개근 medial pterygoid muscle

하악골 안쪽에 위치한 저작근의 하나. 하악골을 올리거나 닫는 데 관
여함.

노력 삼킴 effortful swallow

삼킬 때 근육을 쥐어짜듯이 힘을 주어 삼키는 기법. 인두삼킴 시 혀 기
저부 뒤쪽의 움직임을 향상시켜 후두계곡의 음식덩이를 제거하는 데
효과적임.

노인성 삼킴장애 presbyphagia

노화에 기인한 삼킴 관련 구조 및 기능 변화의 총칭. 보편적인 삼킴장
애와 구별되는 노인의 삼킴 양상을 의미함. 삼킴장애로 발전할 위험성
이 높음.

마른 삼킴 dry swallow(ing)

물이나 음식을 제공하지 않고 침을 삼키는 것. 삼킴 양상을 관찰하는 방법 중 하나.

마사코법 Masako maneuver

혀끝이 밖으로 나오도록 혀를 가볍게 문 후 삼키는 기법. 인두후벽 움직임을 호전시키는 데 효과적임.

만성 폐쇄성 폐질환 chronic obstructive pulmonary disease(COPD)

회복 불가능한 기도폐색으로 인해 폐 기능이 서서히 저하되는 질환.

맛 자극법 taste stimulation

구강의 미각·촉각 등이 저하된 경우 신맛 등의 감각 자극을 제공하는 삼킴 치료법.

머리 기울이기 기법 head tilt

인두 손상이 없는 쪽으로 머리를 기울임으로써 중력에 의해 음식물이
흘러 내려가도록 하는 자세기법. 같은 쪽 구강·인두의 약화로 잔여물
이 생길 시 유용함.

머리 돌리기 기법 head rotation

인두 손상이 있는 쪽으로 머리를 돌려 더 나은 쪽으로 음식물이 내려
가도록 하는 자세기법. 편측 인두의 불완전마비로 인두에 잔여물이 생
길 시 유용함.

먹이찾기반사 설근반사 rooting reflex

볼·입 주위에 손을 대면 빨기 위해 입을 자극 쪽으로 돌리는 반사. 원
시반사의 하나로 생후 3~4개월 전후 소멸됨. 발달 지연, 신경계 손상
시 다시 나타남.

멘델슨 기법 Mendelsohn maneuver

삼킴 시 갑상연골이 올라간 상태를 2~3초간 유지시키는 방법. 설골-
후두 상승이 불충분하고 상부식도조임근이 충분히 오래 열리지 않아
흡인이 발생할 경우 사용함.

무증상 흡인 silent aspiration

음식물이 진성대를 지나 기도로 들어가도 기침 등의 반응이 없는 흡인.

무호흡 기간 apneic period

삼킴 시 기도가 일시적으로 닫혀 호흡이 없는 기간. 삼킴 도중 날숨을
멈추고 삼킴 후 다시 날숨으로 복귀함.

ㅂ

반후두 절제술 hemilaryngectomy

종양을 제거하기 위해 갑상연골을 포함한 후두 앞부분을 잘라내는
수술.

보상책략 compensatory strategy

삼킴장애 시 음식을 바꾸거나 행동 전략을 제시하는 방법. 자세 기법,
온도-촉각자극법, 음식 농도 · 점도 변화 등이 해당함.

분비물 secretion

분비샘에서 나오는 물질. 침 · 땀 등이 해당함.

비강 역류 nasal regurgitation

음식 · 액체를 먹은 후 코로 나오는 증상. 연인두 폐쇄부전 등에 기인함.

비구강 식사 nonoral feeding

음식물 · 수분을 입으로 섭취하지 못할 경우 다른 방법을 통해 영양분을 제공하는 것. 비위영양관 식사, 인두 · 식도 · 위 · 공장 창냄술 등이 해당함.

비디오투시조영 삼킴검사 videofluoroscopy/videofluoroscopic swallowing study(VFSS)

조영제인 바륨이 구강 · 인두 · 식도를 통과하는 순간을 방사선으로 촬영하는 검사. 음식덩이의 흡인된 양과 원인을 파악하는 데 용이함.

비영양적 빨기 non-nutrition sucking

영양 섭취 외에 정서적 안정을 위해 영아가 손가락 · 노리개 젖꼭지 등을 빠는 행위.

비위관 식사법 nasogastric tube feeding

코에 튜브를 넣어 인두 · 식도를 지나 위까지 영양분을 공급하는 방법.

비위영양관 nasogastric(NG) tube

구강 식사가 불가능한 경우 영양분의 공급을 위해 코로 삽입하는 튜브.

삼킴 연하 swallowing

구강 내 음식물 · 액체를 위장관으로 보내는 전반적 활동.

삼킴실행증 apraxia of swallow, swallowing apraxia

혀의 탐색 운동이나 운동 범위가 정상임에도 삼킴의 구어 지시에 대해 음식덩이를 뒤로 보내거나 삼키지 못하는 증상. 구어 지시가 없으면 정상적 삼킴이 가능함.

삼킴장애 연하장애 dysphagia, swallowing disorder

구강 · 인두 · 식도를 거쳐 위장관으로 음식물을 보내는 데 어려움이 있는 증상. 구인두, 식도성 · 폐색성, 신경근육, 기능적 삼킴장애 등으로 분류됨.

삼킴 전 흡인 aspiration before swallow

삼킴반사 전에 음식물이 인두를 통해 기도로 흘러 들어가 발생하는 흡인.

삼킴중추 swallow center

　삼킴을 조절하는 뇌의 주요 영역. 뇌간의 연수·뇌교에 위치함.

삼킴 중 흡인 aspiration during swallow

　삼킴 반응이 지연되어 삼키는 도중 음식물이 기도로 흘러 들어가 발생하는 흡인.

삼킴 통증 연하통 odynophagia

　인두·식도에 염증·궤양이 생겨 음식물이나 침을 삼킬 때 느끼는 통증. 삼킴 반응이 지연되어 삼키는 도중 음식물이 기도로 흘러 들어가 발생하는 흡인.

삼킴 후 흡인 aspiration after swallow

　삼킴 후 구강·인후두강에 남아 있던 음식물이 기도로 흘러 들어가 발생하는 흡인.

삽관 intubation

　자발적 호흡이 불가능한 경우 기도에 관을 삽입하는 방법.

상부식도조임근 상부식도괄약근 upper esophageal sphincter(UES)

　식도 위쪽의 조임근. 윤상인두근·윤상연골로 구성됨. 정상적으로 기능하면 음식덩이가 식도로 내려갈 때 열림.

샤케어 운동 샤케어 기법 Shaker exercise/maneuver

　바닥에 누운 채 고개만 들어 올려 발끝을 봄으로써 설골상근을 강화하는 치료법. 설골상근 강화 시 설골의 전상방 운동이 용이함. '두부거상 운동'이라고도 칭함.

석션 흡인, 빨기 suction

　빨아들이는 흡인 장치에 의해 상기도 내 분비물을 체외로 배출하는 방법.

제 4 부 　 삼킴장애

설골 목뿔뼈 hyoid bone

아래턱뼈와 갑상연골 사이에 위치한 말굽 모양의 뼈로 혀 기저부와 연결됨. 인두·후두의 삼킴 관련 근육을 지탱시키는 데 관여함.

설골상근 목뿔위근육 suprahyoid muscle

설골의 위쪽 근육으로 설골을 위로 당기는 데 관여함. 이설골근·하악설골근·경돌설근·설골설근 등이 해당함. 설하신경·삼차신경·안면신경이 분포함.

설골설근 목뿔혀근 hyoglossus muscle

설골에서 혀 내측으로 연결된 근육. 혀를 내리거나 설골을 상승시키는 데 관여함.

설골하근 목뿔아래근육 infrahyoid muscle

설골의 아래쪽 근육으로 설골·흉골·갑상연골·견갑골을 연결하는 근육. 흉골설골근·갑상설골근·흉골갑상근·견갑설골근 등이 해당함. 후두상승근인 갑상설골근을 제외하고 삼킴 시 상승한 설골을 제자리로 내리는 데 관여함.

설골-후두 상승 hyo-laryngeal excursion

삼킴 시 설골·후두가 상승하면서 동시에 앞쪽으로 이동하는 것. 기도 입구가 닫히고 상부식도조임근이 열리는 데 관여함.

섬광조영검사 섬광조영술 scintigraphy

방사선 동위원소를 소량 삼킨 후 섬광카메라로 체내 분포를 촬영하는 핵의학검사법. 흡인의 양과 잔여물을 측정하는 데 유용하나 구강·인두의 생리를 시각화하기는 어려움.

섭식 feeding

음식물을 섭취하거나 먹기 위해 음식을 입으로 가져가는 것.

성곽유두 배상유두 vallate papillae

혀에서 가장 큰 유두로 바퀴 모양의 구조물. 성곽유두를 기점으로 혀를 구강 및 인두 부분으로 구분함. 내측 인두 부분의 혀를 '혀 기저부'라 칭함.

성문상후두 절제술 supraglottic laryngectomy

후두암으로 생긴 성문 위쪽 종양을 절제하는 수술법.

성문위 삼킴 supraglottic swallow

삼킴 전과 도중에 성대를 닫아 기도를 보호하는 방법. 숨을 들이마시고 참은 상태에서 삼킨 후 기침을 뱉는 순서로 진행함.

성문전도검사 electroglottography(EGG)

발성 시 전기적 임피던스(전류를 방해하는 정도)에 의해 검출되는 신호를 통해 성대 운동을 관찰하는 검사.

수정된 바륨 삼킴검사 변형조영 삼킴검사 modified barium swallow(MBS) study

다양한 양과 농도의 조영제를 사용해 삼킴 양상을 지속적으로 촬영하는 검사. 많은 양의 바륨으로 누워서 식도·위장관 기능을 평가하는 전통적 검사를 변형해 적은 바륨으로 앉아서 시행함.

식도 esophagus

인두와 위를 연결하는 긴 소화관. 양끝에 상부식도조임근·하부식도조임근이 위치함.

식도 단계 esophageal phase

식도의 연동 운동으로 음식덩이가 경부·흉부 식도를 지나 위장으로 가는 삼킴 단계.

식도 발성 esophageal voice

식도를 통해 공기를 삼킨 후 다시 뱉어 식도 윗부분을 진동시킴으로써 소리를 산출하는 방법. 후두적출술 후 활용되는 발성법 중 하나.

식도 연축 esophageal spasm

식도 근육의 비정상적 수축으로 인한 식도 운동성 장애. 흉통, 삼킴 곤란 등을 동반함.

식도 창냄술 esophagostomy

피부에서 경부식도로 구멍을 뚫어 튜브를 식도와 연결하는 수술.

식도통과시간 esophageal transit time(ETT)

음식덩이가 상부식도조임근을 통과해 식도로 들어가는 순간부터 하부식도조임근을 통과해 위장으로 들어가는 순간까지의 시간. 8~20초 정도가 정상 수준에 해당함.

신경근육 전기자극법 neuromuscular electrical stimulation(NMES)

목 근육에 전극을 붙인 후 전지자극을 주어 신경근육 경로의 기능을 강화하는 치료법. VitalStim 등이 해당함.

연동 작용 peristalsis

식도에서 위까지 음식을 내려보내기 위해 근육의 수축·이완이 연속
되면서 파동을 형성하는 것.

연인두 폐쇄 velopharyngeal closure

연구개가 상승하고 인두후벽에 접촉해 연인두 공간을 분리하는 것. 음
식물의 비강 역류를 방지하는 데 관여함.

영양적 빨기 nutrition sucking

성장에 필요한 영양분을 공급받기 위해 수유 시 영아에게 나타나는 빨
기 동작.

영화투시조영검사 cinefluoroscopy

투시조영검사의 초기 형태로 영상을 영화필름에 녹화해 삼킴 동작을
프레임별로 분석하는 검사.

온도-촉각 자극법 thermal tactile stimulation

차가운 후두경으로 앞쪽 구개궁을 문질러 자극하는 삼킴 치료법. 인두 삼킴 유발이 지연될 경우 효과적임.

요동 운동 rocking-rolling motion

혀가 앞뒤로 오가는 불수의적 운동. 파킨슨병에 동반되는 혀 운동장애 의 하나.

운동범위 훈련 range of motion(ROM) exercise

혀를 최대한 높이 올리거나 측면으로 움직이는 등 운동범위를 증가시 키는 훈련. 구강 이동을 활성화하는 데 효과적임.

위식도 역류 gastroesophageal reflux

위산이나 위 내용물이 식도로 역류해 흉부 안쪽의 타는 듯한 통증과 쓰림을 유발하는 질환.

위장관 gastrointestinal tract

위·창자를 포함한 소화계통의 일부.

위 창냄술 gastrostomy

영양을 공급하기 위해 위벽에 구멍을 내는 수술법. 코에 삽입한 튜브 를 통해 영양 공급이 어려운 경우 시행함.

유사후두덮개 pseudoepiglottis

전체후두 절제술 후 혀 기저부에 생기는 점막 주름. 방사선 촬영 시 후 두덮개와 유사하게 보임.

윤상연골 반지연골 cricoid cartilage

갑상연골 아래쪽에 위치한 후두연골 중 하나. 앞쪽은 얇고 뒤쪽은 두 꺼운 반지모양의 연골.

윤상인두근 cricopharyngeal muscle

인두와 식도 사이의 근육. 음식덩이가 식도로 내려갈 때 이완함.

윤상인두근 장애 반지인두근 장애 cricopharyngeal dysfunction

윤상인두근에 이상이 생겨 음식물이 식도로 원활히 내려가지 못하는
질환. 식도 입구에 고인 음식물이 식도로 역류하면서 흡인의 가능성이
높아짐.

윤상인두근 절개술 반지인두근 절개술 cricopharyngeal myotomy

윤상인두근을 절개하는 수술법. 윤상인두근 연축 등 근육 자체의 이완
장애로 음식물이 식도로 원활히 내려가지 못할 경우 시행함.

음식덩이 식괴 bolus

삼킬 수 있도록 잘 씹은 음식 덩어리.

이복근 악이복근, 두힘살근 digastric muscle

악설골근신경이 지배하는 전복과 안면신경이 지배하는 후복으로 구성된
근육. 삼킴 시 아래턱뼈가 고정되어 있을 때 설골을 올리는 데 관여함.

이설골근 턱끝목뿔근 geniohyoid muscle

하악설골근 심부의 정중면 근처에서 아래턱뼈와 설골 사이에 연결된
근육. 설골을 위로 올리거나 앞쪽으로 당기는 데 관여함.

이완불능증 achalasia

식도의 연동 운동이 원활하지 못하고 하부식도조임근의 압력이 비정
상적으로 높아 음식물이 위로 내려가지 못하고 식도에 머무는 증상.

인두 pharynx

구강과 식도 사이의 기관으로 공기와 음식물이 지나가는 통로. 비인
두 · 구인두 · 후두인두로 분류됨.

인두 단계 pharyngeal phase

　　인두삼킴이 유발되고 음식덩이가 인두 안으로 넘어가는 삼킴 단계.

인두삼킴 pharyngeal swallow

　　구강 단계가 끝나고 음식덩이가 앞쪽 구개궁에 닿는 순간 또는 혀 기
저부와 아래턱 테두리가 만나는 지점에서 유발되는 삼킴.

인두수축근 pharyngeal constrictor muscle

　　인두의 바깥 근육층에 있는 3개의 수축근. 상/중/하인두 수축근으로
분리됨.

인두 연축 pharyngospasm

　　인두 근육의 경련 및 빠른 수축 운동.

인두지연시간 pharyngeal delay time(PDT)

　　구강 단계가 끝나는 순간부터 후두 상승이 시작되는 순간까지의 시간.

인두통과시간 pharyngeal transit time(PTT)

　　인두삼킴이 유발된 순간부터 음식덩이 꼬리 부분이 인두식도 부분을
통과하는 순간까지의 시간. 0.35~0.48초가 정상 수준에 해당함.

자세 기법 postural techniques

자세를 변경해 삼킴을 용이하게 촉진하는 삼킴 치료기법. 머리 위치를 변경해 음식이 내려가는 방향이나 인두 면적을 변화시키는 방법 등 이 해당함.

잔여물 residue

삼킨 후 구강·인두·후두계곡 등에 남아있는 음식물.

점도 viscosity

기체와 액체의 점성도. 음식덩이가 끈적거리는 정도.

점도 증진제 thickener

삼키기 쉽도록 음식물의 점도를 높여주는 물질.

젖은 삼킴 물 삼키기 wet swallow(ing)

소량의 물을 삼키도록 해 삼킴 양상을 관찰하는 방법. 마른 삼킴의 대 조 개념.

젖은 음성 wet voice

삼킴장애 시 침습 · 흡인의 징후로서 나타나는 음성 변화. 거르렁거리는 음성과 유사함.

젠커 곁주머니 젠커 게실 Zenker's diverticulum

윤상인두근 · 상부식도조임근 부근에 작은 주머니 모양으로 조직이 돌출되는 식도 질환. 삼킴 후 음식물이 곁주머니에 들어갔다 나오면서 흡인이 유발됨.

조롱박굴 조롱박오목, 이상와 pyriform sinus

인두의 가장 아래쪽에 솟은 양옆의 움푹한 부분. 삼킴장애 시 인두삼킴 전후 음식물이 흘러내리거나 고이는 공간.

중복 삼킴 여러 번 삼키기 multiple swallowing

삼킴 후 잔여물을 제거하기 위해 추가적으로 여러 번 삼키는 것.

증상 흡인 symptomatic aspiration

음식물이 진성대 밑으로 들어가면 기침 등의 반응을 보이는 흡인.

진성대 true vocal cords

후두의 중앙 부분에 위치한 발성 기관. 피열연골과 갑상연골 사이에 연결된 1쌍의 점막 주름. 삼킴 시에 닫혀 기도를 보호함.

착의실행증 dresssing apraxia

근육장애가 없음에도 옷을 입거나 벗기 어려운 실행증 유형.

최대성문위 삼킴 super supraglottic swallow

삼킴 전과 도중에 피열연골을 앞으로 이동하고 가성대 폐쇄를 촉진하는 치료법. 숨을 참고 최대한 압력을 가한 후 삼키기 · 기침하기 순으로 진행함.

측두근 관자근 temporalis muscle

측두골을 감싸고 있는 부채 모양의 근육. 하악골을 올리거나 닫는 저작근의 하나.

침샘 salivary gland

침을 분비하는 샘. 턱밑샘 · 귀밑샘 · 혀밑샘으로 분류됨. 음식덩이 형성 시 턱 · 혀 · 설골의 움직임과 음식 고유의 맛에 의해 활성화됨.

침습 침투 penetration

삼킴 후 음식물이 후두 안으로 들어가나 진성대 밑으로는 내려가지 않는 증상.

침흘림 drooling

입 밖으로 침이 흐르는 증상. 타액이 과도하게 분비되거나 입 주변 근육의 약화로 침을 물고 있지 못하는 경우 발생함.

타액분비과잉증 sialorrhoea

타액이 비정상적으로 많이 분비되는 증상. 신경계 질환, 파킨슨병 시 클로자핀(clozapine)을 복용할 경우 발생함.

턱 내리기 기법 chin down posture, chin tuck maneuver

턱을 목 쪽으로 당기는 자세 기법. 후두계곡 공간을 넓혀 인두삼킴 유발이 지연될 때 효과적임.

턱 올리기 기법 chin up posture

머리를 뒤로 젖혀 중력에 의해 음식물을 뒤로 넘기기 쉽도록 촉진하는 자세 기법. 혀 움직임의 저하로 구강 이동이 어려울 시 효과적임.

피열연골 호미연골 arytenoid cartilage

    윤상연골 위쪽에 위치한 1쌍의 후두연골. 성대의 긴장 · 이완, 성문 개

    폐에 관여함.

피열후두개 주름 호미후두덮개 주름 aryepiglottic fold

    후두덮개연골과 피열연골 사이의 점막이 당겨져 생긴 주름.

하부식도조임근 하부식도괄약근 lower esophageal sphincter(LES)

식도 아래쪽에 위치한 조임근. 평소에는 위장에서 식도로 음식물이 역류되지 않도록 수축되어 닫힘. 식도에서 위장으로 음식물이 내려가면 이완되어 열림.

하악설골근 턱목뿔근 mylohyoid muscle

아래턱뼈와 설골 사이에 연결되어 구강 바닥을 이루는 근육. 아래턱뼈를 내리거나 구강 바닥을 올리는 데 관여함.

허약증 허약, 노쇠 frailty

노화에 따른 신체·인지 기능의 저하로 장애나 질병의 가능성이 높은 취약한 상태. 체중 감소, 근력 저하, 주관적 피로, 보행속도 및 신체 활동량 저하 등을 보이며 삼킴장애의 소인이 될 수 있음.

혀 밀어내기 tongue trust

혀를 앞쪽으로 움직이며 음식덩이를 밀어내는 것. 전두엽 손상, 뇌성 마비 등에서 관찰됨.

혀 절제술 glossectomy

설종양 시 혀를 절제하는 수술. 수술 범위에 따라 전체·부분 절제술 로 분류됨.

호두까기 식도 nutcracker esophagus

식도 내 압력이 매우 증가된 상태. 일차성 식도 운동장애의 하나.

환류 backflow

삼킴 후 식도에서 인두 또는 인두에서 비강으로 음식물이 역류하는 증상.

후두계곡 vallecula

혀 기저부와 후두덮개 사이에 형성된 쐐기 모양의 공간. 삼킴장애 시 인두삼킴 전후에 음식물이 흘러내리거나 고이는 공간.

후두덮개 epiglottis

후두 입구를 덮는 뚜껑과 같은 구조. 음식덩이가 기도로 들어가지 않 고 식도로 내려가도록 함.

후두실 laryngeal ventricle

진성대와 가성대 사이에 가쪽으로 주머니처럼 뻗은 공간.

후두안뜰 vestibule

후두의 안쪽 공간으로 가성대가 아래쪽 경계를 이룸.

후두 절제술 laryngectomy

후두암 시 후두를 절제하는 수술. 수술 범위에 따라 전체·부분 절제 술로 분류됨.

후두 폐쇄 laryngeal closure

삼킴 시 기도 보호를 위해 후두 입구가 닫히는 것. 성대에서 시작해 점차 후두안뜰로 올라가며 진행됨.

후윤상피열근 뒤쪽반지호미근 posterior cricoarytenoid muscle

윤상연골 뒷면과 피열연골 근육돌기에 연결된 후두 근육. 흡기 시 성대를 외전시켜 성문을 여는 데 관여함.

흡인 사레 aspiration

음식물이나 침이 기도로 넘어간 후 진성대 아래까지 내려가는 증상.

흡인성 폐렴 aspiration pneumonia

기관지 · 폐로 음식물 등의 이물질이나 병원균이 들어가 발생하는 폐렴.

흡입 삼킴 suck swallow

입을 다문 상태에서 혀-아래턱 흡입 동작을 과장되게 시행하는 치료법.

참고문헌

고도흥(2019). 언어기관의 해부와 생리: 발성에서 지각까지. 서울: 학지사.

권미선, 이재홍, 하지완, 황민아 공역(2014). 신경의사소통장애. Brookshire, R. H. 저. 서울: 박학사.

권미선, 김정완, 이현정, 최현주, 하지완 공역(2013). 말운동장애: 진단과 치료. Freed, D. B. 저. 서울: 박학사.

권미선, 김종성 공역(2007). 삼킴장애의 평가와 치료. Logemann, J. A. 저. 서울: 학지사.

김향희(2009). 언어병리학의 신경 해부. 서울: 시그마프레스.

김향희(2012). 신경언어장애. 서울: 시그마프레스.

김향희, 서미경, 김윤정, 윤지혜 공역(2016). 말운동장애: 기질·감별진단·중재. Duffy, J. R. 저. 서울: 박학사.

대한연하재활학회 역(2011). 연하장애. Groher, M. E. 외 공저. 서울: 군자출판사.

유재연, 한지연, 황영진, 이옥분 공역(2014). 음성과 음성치료. Boone, D. R. 외 공저. 서울: 시그마프레스.

이광우, 강규식, 강동화, 강사윤, 강지훈(2014). 신경과학. 서울: 범문에듀케이션.

이미숙, 김수련 공역(2020). 인지-의사소통장애: 정보 처리 접근. Peach, R. K. 외 공저. 서울: 학지사.

황영진, 서인효 공역(2013). 실어증 및 실어증 치료. Helm-Estabrooks, N. 외 공저. 서울: 시그마프레스.

Chapey, R. (2008). *Language intervention strategies in aphasia and related neurogenic communication disorders* (5th ed.). Philadelphia, PA: Lippincott Williams and Wilkins.

Hickey, l. M., & Bourgeois, M. S. (2018). *Dementia: Person-centered assessment and intervention* (2nd ed.). New York, NY: Taylor and Francis.

Hull, R. H. (2017). *Communication Disorders in Aging*. San Diego, CA: Plural Publishing.

Wright, H. H. (2016). *Cognition, Language and Aging*. Amsterdam: John Benjamins Publishing Company.

사이트

간호학대사전(네이버 지식백과)

    https://terms.naver.com/list.nhn?cid=55558&categoryId=55558

네이버 국어사전

    https://ko.dict.naver.com

네이버 영어사전

    https://en.dict.naver.com

대한의사협회 의학용어위원회

    http://term.kma.org/

두산백과(네이버 지식백과)

    https://terms.naver.com/list.nhn?cid=40942&categoryId=40942

상담학 사전(네이버 지식백과)

    https://terms.naver.com/list.nhn?cid=62841&categoryId=62841

생명과학대사전(네이버 지식백과)

    https://terms.naver.com/list.nhn?cid=60261&categoryId=60261

서울대학교병원 의학정보(네이버 지식백과)

    https://terms.naver.com/list.nhn?cid=51007&categoryId=51007

실험심리학용어사전(네이버 지식백과)

  https://terms.naver.com/list.nhn?cid=41990&categoryId=41990

이우주의학사전(네이버 지식백과)

  https://terms.naver.com/list.nhn?cid=58529&categoryId=58529

특수교육학용어사전(네이버 지식백과)

  https://terms.naver.com/list.nhn?cid=42128&categoryId=42128

American Speech-Language-Hearing Association(ASHA)

  www.asha.org/

Mayo Clinic

  www.mayoclinic.org

LSVT Global

  www.lsvtglobal.com

Wikipedia

  www.wikipedia.org/

영문용어 찾아보기

A

B

C

D

delayed recall 지연회상 / 118

delirium 섬망 / 94

delusion 망상 / 86

dementia 치매 / 122

dementia of Alzheimer's type(DAT) 알츠하이머형 치매 알츠하이머
(성) 치매 / 102

demyelination 탈수초화 / 56

dendrite 수상돌기 가지돌기 / 33

depolarization 탈분극 / 56

depression 우울증 우울장애 / 105

diadochokinetic rate(DDK) 교호운동속도 길항반복운동속도 / 138

didactic teaching model 훈시적 교수 모델 / 132

diencephalon 간뇌 / 11

digastric muscle 이복근 악이복근, 두힘살근 / 191

digit span test 숫자외우기 검사 숫자폭검사 / 95

diplophonia 이중음도 / 159

disconnection syndrome 해리 증후군 / 130

discourse 담화 / 81

divided attention 분리주의력 분할주의력 / 91

dopamine 도파민 / 21

dorsal 등쪽 배측, 후방 / 22

dorsal spinocerebellar tract 후척수소뇌로 / 63

dresssing apraxia 착의실행증 / 195

drooling 침흘림 / 196

dry swallow(ing) 마른 삼킴 / 180

E

F

focused attention 초점주의력 / 121

forebrain 전뇌 앞뇌 / 45

foreign accent syndrome 외국어 말투 증후군 외국인 억양 증후군 /
156

formal paraphasia 형식착어 타단어화 음소착어 / 131

fornix 뇌궁 / 17

fourth ventricle 제4뇌실 / 47

frailty 허약증 허약, 노쇠 / 199

free association test 자유연상검사 / 114

free recall 자유회상 / 114

Frenchay aphasia screening test(FAST) 프렌차이 실어증 선별검사 /
127

Friedreich's ataxia 프리드리히 실조증 / 167

frontal lobe 전두엽 이마엽 / 45

frontal pole 전두극 / 45

frontotemporal dementia(FTD) 전두측두치매 전두측두엽치매 / 115

frontotemporal lobar degeneration(FTLD) 전두측두엽변성 / 115

functional communication 기능적 의사소통 / 73

functional magnetic resonance imaging(fMRI) 기능자기공명영상 /
73

fusiform gyrus 방추형이랑 방추형회 / 27

G

gag reflex 구토반사 구역반사 / 139

gyrus(gyri) 뇌이랑 이랑, 뇌회, 회 / 18

H

hallucination 환각 / 132

handedness 손잡이 / 95

harsh voice 거친 음성 / 137

head injury 두부 손상 / 82

head rotation 머리 돌리기 기법 / 181

head tilt 머리 기울이기 기법 / 181

health-related quality of life(HRQOL) 건강 관련 삶의 질 / 69

hematoma 혈종 / 131

hemilaryngectomy 반후두 절제술 / 182

hemiparesis 반불완전마비 / 148

hemiplegia 반마비 반신마비, 편마비 / 148

hemorrhagic stroke 출혈성 뇌졸중 / 122

Heschl's gyrus 헤쉴이랑 헤쉴회, 가로측두이랑 / 61

higher order cognition(HOC) 고차원(적) 인지 / 70

hippocampal formation 해마형성체 / 61

hippocampus 해마 / 61

homonymous hemianopsia 동측성 반맹 / 82

homunculus 호먼큘러스 / 62

horizontal plane 수평면 / 33

human immunodeficiency virus(HIV) 인간면역결핍 바이러스 사람면역

결핍 바이러스 / 110

I

J

K

L

lower esophageal sphincter(LES)　하부식도조임근　하부식도괄약근 /
199

lower motor neuron(LMN)　하부운동신경세포　하위운동신경원, 이차운
동신경세포 / 60

Luria loop　루리아 고리 / 84

M

magnetic resonance angiography(MRA)　자기공명혈관조영술 / 113

magnetic resonance imaging(MRI)　자기공명영상 / 113

mammillary body　유두체 / 42

mapping therapy(MT)　매핑치료기법 / 86

Masako maneuver　마사코법 / 180

masked face　가면얼굴 / 135

masseter muscle　교근　깨물근 / 176

masticator nucleus　저작핵 / 44

maximum phonation time(MPT)　최대발성지속시간 / 163

medial pterygoid muscle　내측익돌근　안쪽날개근 / 179

medulla oblongata　연수 / 39

medullated nerve fiber　유수신경섬유 / 42

melodic intonation therapy(MIT)　멜로디억양치료 / 86

memory　기억력　기억 / 73

Mendelsohn maneuver　멘델슨 기법 / 181

meninges　수막　뇌척수막 / 33

meningitis　뇌수막염 / 78

motor neuron 운동뉴런 / 41

motor pathway 운동신경로 내림신경로, 원심성 신경로 / 41

motor speech disorders(MSD) 말운동장애 / 146

motor/expressive aphasia 운동/표현성 실어증 / 92

movement disorders 운동장애 이상운동 질환 / 157

multi-infarct dementia(MID) 다발경색치매 다발성 경색치매 / 80

multimodality 다중양식 복합양식(성) / 80

multiple cerebral infarction 다발성 뇌경색 / 80

multiple sclerosis(MS) 다발성 경화증 / 142

multiple swallowing 중복 삼킴 여러 번 삼키기 / 194

multiple system atrophy(MSA) 다계통 위축증 다발성 신경계 위축 /
　142

mutism 함구증 무언증, 함묵증 / 168

myasthenia gravis(MG) 중증근무력증 / 161

myelencephalon 숨뇌 / 39

myelin 미엘린 / 26

myelin sheath 미엘린수초 / 26

mylohyoid muscle 하악설골근 턱목뿔근 / 199

myoclonus 간대성 근경련 / 136

N

naming 이름대기 / 109

nasal emission 비강누출 / 150

nasal regurgitation 비강 역류 / 182

neuromuscular electrical stimulation(NMES) 신경근육 전기자극법 / 188

neuromuscular junction 신경근접합부 신경근육접합부 / 36

neuron 뉴런 신경원 / 19

neuroplasticity 신경가소성 / 76

neuropsychology 신경심리학 / 97

neurosurgery 신경외과학 / 98

neurotransmitter 신경전달물질 / 37

node of Ranvier 랑비에마디 랑비에결절 / 24

non-declarative memory 암묵적 기억, 비서술기억 / 75

nonfluent aphasia 비유창성 실어증 / 92

nonfluent variant of primary progressive aphasia(nfvPPA) 비유창 변이형 원발성 진행성 실어증 / 92

non-invasive test 비침습적 검사 / 150

non-nutrition sucking 비영양적 빨기 / 183

nonoral feeding 비구강 식사 / 183

nonverbal auditory agnosia 비구어성 청각실인증 / 92

nonverbal memory 비구어성 기억 / 91

nucleus 핵 신경핵 / 61

nucleus solitarius 고립핵 / 13

nutcracker esophagus 호두까기 식도 / 200

nutrition sucking 영양적 빨기 / 189

O

P

Q

R

S

T

U

동신경세포 / 31

V

vagus nerve 미주신경 / 26

vallate papillae 성곽유두 배상유두 / 187

vallecula 후두계곡 / 200

vascular dementia(VD) 혈관성 치매 / 130

vegetative state 식물인간 상태 / 152

velopharyngeal closure 연인두 폐쇄 / 189

velopharyngeal incompetence(VPI) 연인두 폐쇄부전 / 156

ventral 배쪽 복측, 전방 / 27

verbal fluency 구어유창성 / 81

verbal memory 구어성 기억 구어기억 / 71

verbal paraphasia 구어착어 / 109

vertebral artery 추골동맥 / 53

vertebral column 척주 / 51

vertebro-basilar system 추골-뇌저동맥계 / 52

vestibular nucleus 전정핵 / 46

vestibule 후두안뜰 / 200

vestibulocochlear nerve 전정와우신경 / 46

vestibulospinal tract 전정척수로 / 46

videofluoroscopy/videofluoroscopic swallowing study(VFSS) 비
디오투시조영 삼킴검사 / 183

vigilance 경계 / 69

W

X

Z

저자 소개

이미숙(Lee MiSook)

고려대학교 불어불문학 학사

연세대학교 언어병리학 석사

연세대학교 언어병리학 박사

전 우송대학교 언어치료 · 청각재활학부 초빙교수

　　공주대학교 특수교육대학원 언어재활전공 객원교수

현 한림국제대학원대학교 청각언어치료학과 교수

〈대표 역서〉

인지-의사소통장애: 정보 처리 접근(공역, 학지사, 2020)

백려정(Baik YeoJung)

연세대학교 불어불문학 학사

연세대학교 언어병리학 석사

전 강남세브란스병원, 이화여대부속목동병원, 분당제생병원 언어재활사

현 연세언어청각연구원 언어재활사

　　한림국제대학원대학교 청각언어치료학과 겸임교수

〈대표 저서〉

CogMCI 그룹형 인지중재치료프로그램(공저, 인싸이트, 2017)

신경언어장애 용어집

Glossary of Neurogenic
Speech-Language Disorders

2020년 10월 20일 1판 1쇄 인쇄
2020년 10월 25일 1판 1쇄 발행

지은이 • 이미숙 · 백려정
펴낸이 • 김진환
펴낸곳 • (주) **학지사**

04031 서울특별시 마포구 양화로 15길 20 마인드월드빌딩
대표전화 • 02)330-5114   팩스 • 02)324-2345
등록번호 • 제313-2006-000265호

홈페이지 • http://www.hakjisa.co.kr
페이스북 • https://www.facebook.com/hakjisa

ISBN 978-89-997-2218-9 93370

정가 17,000원

이 도서의 국립중앙도서관 출판시도서목록(CIP)은 서지정보유통지원
시스템 홈페이지(http://seoji.nl.go.kr)와 국가자료공동목록시스템
(http://www.nl.go.kr/kolisnet)에서 이용하실 수 있습니다.
(CIP 제어번호: CIP2020040509)

출판 · 교육 · 미디어기업 **학지사**

간호보건의학출판 **학지사메디컬** www.hakjisamd.co.kr
심리검사연구소 **인싸이트** www.inpsyt.co.kr
학술논문서비스 **뉴논문** www.newnonmun.com
원격교육연수원 **카운피아** www.counpia.com